A resistência como máscara do desejo

A resistência como máscara do desejo

GABRIEL LOMBARDI

Tradução de
Maria Claudia Formigoni

Copyright © 2017 por Gabriel Lombardi
Título original: *El sujeto del deseo: de la resistencia a la transferencia*
Letra Viva — Buenos Aires, 2015
www.imagoagenda.com

Publicado com a devida autorização e com todos os direitos, para a publicação em português, reservados à Aller Editora.

É expressamente proibida qualquer utilização ou reprodução do conteúdo desta obra, total ou parcial, seja por meios impressos, eletrônicos ou audiovisuais, sem o consentimento expresso e documentado da Aller Editora.

Editora	Fernanda Zacharewicz
Conselho editorial	Andréa Brunetto • *Escola de Psicanálise dos Fóruns do Campo Lacaniano* Beatriz Santos • *Université Paris Diderot — Paris 7* Jean-Michel Vives • *Université Côte d'Azur* Lia Carneiro Silveira • *Escola de Psicanálise dos Fóruns do Campo Lacaniano* Luis Izcovich • *Escola de Psicanálise dos Fóruns do Campo Lacaniano*
Tradução	Maria Claudia Formigoni
Revisão técnica e adaptações para a edição brasileira	Maria Claudia Formigoni e Fernanda Zacharewicz
Capa e diagramação	Wellinton Lenzi

2ª edição: outubro de 2022

Dados Internacionais de Catalogação na Publicação (CIP)
Ficha catalográfica elaborada por Angélica Ilacqua CRB-8/7057

L833r   Lombardi, Gabriel

        A resistência como máscara do desejo / Gabriel Lombardi ; [tradução de Maria Claudia Formigoni]. -- São Paulo : Aller, 2022.
        144 p.

        ISBN 978-65-87399-42-3
        ISBN 978-65-87399-44-7 (livro digital)
        Título original: *El sujeto del deseo: de la resistencia a la transferencia*

        1. Psicanálise 2. Desejo (Psicanálise) 3. Transferência (Psicologia)
        I. Título II. Formigoni, Maria Claudia

22-5649   CDD: 150.195
                                                                                                                 CDU 159.964.2

Índice para catálogo sistemático
1. Psicanálise

Publicado com a devida autorização e
com todos os direitos reservados por

ALLER EDITORA
Rua Havaí, 499
CEP 01259-000 • São Paulo — SP
Tel: (11) 93015-0106
contato@allereditora.com.br

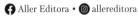

Sumário

Prefácio à edição brasileira de 2017   **7**
Apresentação à edição argentina   **17**

I — A resistência como máscara do desejo
1. Sujeitos sugestionáveis   **23**
2. A resistência contra a sugestão   **29**
3. A solução lacaniana   **43**
4. O ininterpretável   **75**

II — Transferência e repetição em psicanálise
1. Pelo lado de Freud   **83**
2. O que ensina Klein   **97**
3. A resposta de Lacan   **109**
4. O fim de análise   **139**

Prefácio à edição brasileira de 2017

Resistência

O livro que o leitor brasileiro agora tem em mãos é o primeiro em língua portuguesa do psicanalista argentino Gabriel Lombardi, também professor da Universidade de Buenos Aires (UBA), onde dirige a Cátedra I de Clínica de Adultos. Um dos mais importantes representantes do movimento lacaniano daquele país em sua geração, Gabriel participou, nos anos 1980, da implantação do Campo Freudiano na Argentina. Posteriormente, ao fim dos anos 1990, fundou o Campo Lacaniano com outros colegas de vários países que até hoje sustentam uma contra-experiência de Escola orientada pelo passe, segundo a orientação de Jacques Lacan.

Há muitos anos, portanto, o autor que agora nos chega em nossa língua, é um interlocutor próximo e privilegiado. A influência da psicanálise argentina no Brasil — sobretudo a partir da migração do final da década de 1970, provocada pela ditadura genocida que assolou o país vizinho tanto quanto o nosso — é amplamente conhecida e reconhecida. Desde então, os psicanalistas brasileiros não têm apenas sotaque alemão, inglês ou francês (conforme sua orientação), mas falam também *portunhol*. Talvez por nossa famosa e polêmica abertura, que nos torna mais flexíveis e maleáveis, mas também um tanto quanto influenciáveis e mais facilmente colonizáveis, somos internacionalmente conhecidos pela facilidade com que falamos a língua do outro. Em relação ao castelhano, especificamente, é notável a facilidade com a qual entendemos a língua de nossos *hermanos* da Pátria Grande, sendo a recíproca nem sempre verdadeira.

Seja como for, talvez essa nossa facilidade com o castelhano explique em parte porque um autor tão importante e, ademais, um colega tão próximo e querido dos lacanianos brasileiros, que tem uma produção tão relevante, nunca tenha sido antes traduzido para o português. Eu mesma já li tantos livros e textos de Gabriel Lombardi ao longo desses tantos anos de amizade e interlocução que, sinceramente, não tinha ideia de que não os tinha lido em minha língua materna. Esse lapso agora é interpretado pela iniciativa da Agente Publicações, que nos presenteia com a tradução e publicação de um dos primeiros trabalhos de Gabriel: *A resistência como máscara do desejo*.

Ousada e corajosa escolha por um texto do final da década de oitenta, e início da década de 1990. Pelos parâmetros atuais do discurso universitário, seria fácil cair no lugar comum de considerá-lo ultrapassado e desatualizado. Sabemos, entretanto, que o discurso do analista resiste, assim como o inconsciente, atemporal — e, por isso mesmo, sempre atual. Parafraseando nosso querido poeta Cazuza, "raspas e restos" bem como "mentiras sinceras" nos interessam! Gabriel, aliás,

PREFÁCIO À EDIÇÃO BRASILEIRA DE 2017

eleva os restos da fantasia à dignidade da coisa (*das Ding*) neste texto primoroso que agora o leitor terá o prazer de conhecer na nossa linda e exótica língua brasileira!

Desde que Lacan colocou "os pingos nos is" em "A direção do tratamento e os princípios de seu poder", no auge de seu "retorno a Freud", em 1958, nós, lacanianos, repetimos como um mantra que a resistência é do analista. Com efeito, essa noção foi fundamental para que o discurso do analista pudesse ser recuperado dos confins psicologizantes da contratransferência — que, para Lacan, é a soma dos preconceitos do analista — e da inefável comunicação entre inconscientes. Entretanto, a afirmação de que quem resiste é o analista — embora fundamental para orientar nossa experiência —, uma vez descontextualizada e desprovida da dialética imprescindível para a difícil operação do manejo da transferência, pode se reduzir, ela mesma, a um modo sutil de não querer saber e de tamponamento das ocorrências identificadas por Freud na delicada relação entre analista/analisante. É esse o problema que Gabriel enfrenta neste livro, retornando ele mesmo a Freud de modo original, mas não sem o norte de sua formação lacaniana rigorosa e precisa.

Em primeiro lugar, Gabriel enfrenta a difícil tarefa — que ele considera uma "pergunta de princípio" — de diferenciar o efeito sugestivo do efeito analítico. Ele o faz, entretanto, reconhecendo que "o dizer do analista não está isento de produzir efeitos analíticos". Trata-se, portanto, de lidar com o inevitável "fator sugestão" para que a psicanálise não recaia na sua degradação mais comum e mais confortável. Surpre-

A RESISTÊNCIA COMO MÁSCARA DO DESEJO

endentemente, o antídoto apontado para esse empuxo à sugestão é justamente a noção de resistência, contanto que o analista aja "não contra ela, mas a partir dela". Esse, aliás, é o ponto exato que distingue o método analítico dos demais. Eis o que permite a Gabriel propor a resistência, desde Freud, como bússola da direção do tratamento analítico, já que é precisamente o seu despertar inexorável que protege a psicanálise da sugestão. É a articulação entre sintoma e resistência que justifica a hipótese fundamental deste livro: quem resiste? Eis a pergunta crucial que só pode ser respondida se o conceito freudiano de pulsão puder ser articulado à noção lacaniana de gozo expressa no sintoma. E é aí que o ato analítico opera, transformando a "arma mais poderosa da resistência no motor da cura".

Nesse ponto, Gabriel resgata a importância da clínica kleiniana, que tem o mérito de resistir, no bom sentido do termo, às investidas educativas de Anna Freud. Um dos pontos de maior destaque é, justamente, a coragem de não evitar a chamada "transferência negativa", embora tendo como efeito um "cultivo da culpabilidade" que se revela na "tradução subjetiva da renúncia ao desejo". A solução lacaniana para esse problema clínico crucial é o resgate da presença do analista tal como Freud sustentava em ato, lembrando que mesmo seu silêncio não deixa de ser "situado no seio de um discurso".

Gabriel sublinha que "não foi buscando o consentimento do sujeito que Freud conduziu as análises". E aqui está uma das teses mais frutíferas deste livro: a de que a resistência, no fundo, não é à análise propriamente dita, mas sim à sugestão.

O analisante resiste quando percebe que, inadvertidamente, seu analista caiu na degradação da sugestão. Voltando ao famoso "grafo do desejo" desenvolvido por Lacan no Seminário 5, *As formações do inconsciente*, e no texto "Subversão do sujeito e dialética do desejo", Gabriel conclui que "toda redução da transferência (demanda de amor) à sugestão (exigência de satisfação) esmaga o espaço do desejo".

É assim que podemos acompanhar sua constatação surpreendente de que, no fundo, o que resiste à sugestão é o desejo! Daí se deduz outra máxima lacaniana: a de que o analista não deve responder à demanda e, mais ainda, depreender por que é a própria transferência que pode transformar a resistência no motor da cura. E, além do mais, compreende-se por que a interpretação não deve predicar o desejo, acomodando-o à demanda, nem tampouco ser prematura, ou seja, compreender muito rápido — o que novamente reduziria a interpretação à sugestão, na medida em que "deixa de fora esse incompreensível por natureza do desejo".

Assim, podemos acompanhar o avanço lacaniano ao renunciar ao furor educativo dos pós-freudianos, sem ceder, entretanto, à codificação forçada do desejo da clínica kleiniana. Gabriel reconhece ser inevitável, em uma análise, "a revelação de termos do vocabulário do gozo", mas contanto que o analista não se deixe enganar pelo que chama de "função escatológica da metáfora", que comprime a interpretação a um sentido biunívoco. Com Lacan, somos levados a reconhecer os limites da metáfora pela via do equívoco, pelo qual experimentamos a opacidade do significante com a presentificação da causa do desejo. Com Freud, lembramos que "a interpretação analítica assinala o limite da interpretação".

Em outras palavras, trata-se, na ação analítica, de diferenciar o objeto *a* da demanda. Eis a operação analítica fundamental, que consiste em "extrair o desejo da inibição fantasmática", consentindo com a perda de gozo correspondente. Nessa operação, entretanto, não se pode desconsiderar a incidência do supereu, expressa na reação terapêutica negativa. Aqui Gabriel traz uma advertência extremamente atual em tempos de interpretações equivocadas a respeito de um suposto "declínio da função paterna": "o pai do neurótico é precisamente aquele que não transmite bem a castração, nos pontos em que ele mesmo renunciou ao seu desejo".

Há, entretanto, um resto chamado por Lacan de objeto *a*, resto esse que se atualiza na direção do tratamento, na própria presença do analista, "resistência última que o analista toma a seu encargo". Nesse ponto, Gabriel nos oferece uma inestimável orientação clínica, lembrando que, se há um risco na psicanálise lacaniana, é o de ver o retorno da sugestão na conversão da perda de gozo em uma demanda — ou pior, em um imperativo — do analista, concluindo que "não há nenhum deus nem nenhum analista que possa expulsá-lo [o analisante] do paraíso perdido da infância. Se ele se vai, é porque quer".

Na segunda parte deste livro, mas em articulação intrínseca com a primeira, encontramos uma elaboração que será, posteriormente, um eixo de pesquisa constante na trajetória do autor Gabriel Lombardi: o tema da transferência e repetição em psicanálise. Começando pelo lado de Freud, Gabriel sublinha o salto transepistemológico que ele opera ao revelar o fenômeno da transferência com incrível coragem, honestidade e rigor científico, fenômeno cujas coordenadas serão, posteriormente, situadas por Lacan: Sujeito Suposto Saber (SsS) e objeto *a*.

Gabriel recupera os três aspectos da transferência apontados por Freud, que são, entretanto, contraditórios entre si: a transferência como condição da análise, a transferência amorosa — ou seja, enquanto resistência — e a transferência negativa. A partir daí, podemos acompanhar a igualmente paradoxal articulação entre transferência e repetição, não sem sua articulação com a própria resistência. Aqui será preciso incluir a leitura de Lacan que desdobrará a repetição na vertente significante — chamada de *autômaton* — e na vertente de um "fragmento da vida real" — chamada de *tiquê*. Esse desdobramento é o que vai permitir operar clinicamente com a constatação de que nem tudo na transferência é repetição e, reciprocamente, nem toda repetição é transferência. Essa conjunção-disjunção é a chave do manejo clínico que possibilitará a resolução da neurose de transferência, e é também o que faz com que uma análise, nas palavras de Gabriel, possa levar o sujeito "à porta do ato". Aqui, novamente, ele reconhece o passo subversivo de Melanie Klein ao localizar o analista a partir da noção de objeto interno, embora aponte que sua "simplificação da teoria das pulsões apaga as contradições que encontramos em Freud".

A resposta de Lacan, ao contrário, implica operar com as contradições que a clínica nos impõe. Ele o faz localizando o

A RESISTÊNCIA COMO MÁSCARA DO DESEJO

fenômeno da transferência para além do campo das paixões — amor, ódio e ignorância —, na dimensão da fala e da linguagem. A transferência é, portanto, um "ato de palavra", fato negligenciado tanto pela *ego psychology* quanto pela escola inglesa. Assim localizada, Gabriel enfatiza que "a transferência é, em si mesma, análise da sugestão".

Isso significa que, para além da atualização do passado presentificada pela repetição significante, a transferência é também modificável pela interpretação, sendo, por essa via, o campo do desenvolvimento da eficácia da psicanálise e de resolução da compulsão à repetição.

Daí depreende-se que o paradigma da interpretação analítica é o corte, tomado aqui no discurso do psicanalista, elevando a própria interpretação à condição de ato analítico. Eis o ponto limite ao que se pode realizar como palavra, ponto exato em que se articula "a resistência com a dialética analítica". É assim que podemos compreender, finalmente, que o desejo do analista é o suporte da transferência, nas vertentes Sujeito suposto Saber (SsS) e objeto *a*, contanto que sigamos a indicação que nos deixa Gabriel ao recordar que, para Lacan, "o algoritmo do *SsS* é idêntico ao *agalma* do desejo". O transporte do objeto *a* ao campo do Outro, pela via do *agalma* em que se funda o amor de transferência, tanto quanto o engodo teísta do SsS convoca o analista a praticar o corte que libera o sujeito dessa "ficção matematizável" chamada fantasia, que faz com que o neurótico "projete no futuro um passado que torna interminável". Tal liberação, entretanto, exige um pagamento com uma perda de gozo que só pode ser eleita pelo próprio sujeito ao reconhecer a causa de seu desejo. É o que Gabriel Lombardi conclui ao afirmar que "o ato, o verdadeiro, nunca proporciona a satisfação esperada".

Ao fim da leitura deste livro, ficamos com a nitidez de que vale a pena resistir aos efeitos sugestivos dos discursos do amo e universitário para, com a histerização provocada pelo discurso analítico, sustentarmos o advento de um desejo decidido. Assim, o discurso analítico terá sido um discurso da resistência!

Ana Laura Prates
São Paulo, junho de 2017.

Apresentação à edição argentina

O resto da psicanálise

> *O resto sempre é, no destino humano, fecundo*[1].
>
> Jacques Lacan

Hoje em dia, a expressão "lacaniano" remete a uma multiplicidade. Da mesma forma que o ser para Aristóteles, Lacan se diz de muitas maneiras. Essa dispersão obedece menos a uma variedade de práticas institucionais do que aos alcances da experiência analítica: aos modos de entender a direção da cura e a posição do analista.

Em tempos da clínica depois do lacanismo, poderia ser relembrada essa célebre provocação de Lacan no seminário de Caracas, em 12 de junho de 1980: "Eu sou freudiano; vocês, se quiserem, sejam lacanianos". Podemos, entretanto, continuar sendo lacanianos — nos mesmos termos propostos por Lacan — depois de 35 anos?

---

[1] Aula de 15 de abril de 1964.

A RESISTÊNCIA COMO MÁSCARA DO DESEJO

O tempo é um dos nomes da castração. Lacan, como todo significante, já não representa o mesmo conflito para a comunidade analítica de nossa época. Em certos momentos, transformou-se em uma referência que fetichiza a autoridade; em outros, um significante para todo uso que produz uma paixão fóbica. Em outro contexto, deveríamos retomar a ideia dos sintomas atuais do ensino lacaniano.

***

Apresentamos um novo livro da coleção Voces del Foro, do Foro Analítico del Río de la Plata: *O sujeito do desejo*[2]. Esse livro aproxima o leitor dos trabalhos fundamentais de Gabriel Lombardi.

Na parte I do livro, "A resistência como máscara do desejo", é exposta a deriva pela qual o sujeito se faz presente como aquilo que resta à demanda. A psicanálise não é uma teoria da subjetividade, e sim, da divisão subjetiva — que Freud chamou "conflito psíquico" ou "representação inconciliável". A resistência em análise se concebe menos como um choque de forças do que como um resto.

Esse ponto leva à parte II, na qual Gabriel escreve sobre a repetição. O resto — tal como é pensado em psicanálise — poderia ser representado como o movimento que faz com que uma repetição não possa produzir o idêntico. Em um processo cíclico, tudo recomeça da mesma maneira. Eis aqui um

---

[2] Título da edição argentina do presente livro.

APRESENTAÇÃO À EDIÇÃO ARGENTINA

dos problemas habituais para pensar a transferência (como reiteração ou reprodução). Mas, na repetição analítica, a possibilidade do surgimento do novo aponta a isso que escapa à circularidade e que causou a invenção do objeto *a*.

***

Dessa forma, os dois trabalhos aqui reunidos podem ser considerados "clássicos" da psicanálise contemporânea. Determinam que há uma clínica que retoma o ensino lacaniano, mas menos para se dilapidar na exegese do que para afirmar uma orientação singular.

O escrito "Transferência e repetição em psicanálise" (1989) é uma nova edição do texto que Gabriel Lombardi apresentou no concurso em que obteve o cargo de professor titular da Cátedra I de Clínica de Adultos da Faculdade de Psicologia da Universidade de Buenos Aires.

"A resistência como máscara do desejo" (1991), ensaio que aqui reeditamos[3], foi o nome do primeiro livro significativo publicado por Lombardi, logo seguido por *Os infortúnios do Ato Analítico* (1993).

Mesmo depois de 25 anos da escrita desses textos, a leitura de algumas frases ainda é atual. Nós, que seguimos o ensinamento de Lombardi, reconhecemos: a ênfase na questão do ato como operador crucial para iluminar os diferentes elementos do dispositivo clínico.

---

[3] Título da edição brasileira da presente obra.

"Para Lacan, a determinação subjetiva não passa pelo saber, senão pelo ato", afirma Lombardi. Ou, melhor, "o que se repete como que por acaso em um ser capaz de escolher, isto é, que não pode evitar a dimensão do ato, é o ponto de determinação subjetiva em que o pensamento toca o real". São delineamentos como esses que consolidaram seu trabalho todos esses anos, a ponto de podermos nos perguntar: em que momento começaremos a falar de uma "clínica lombardiana"?

Luciano Lutereau
Buenos Aires, março de 2015.

A resistência como máscara do desejo

1.
Sujeitos sugestionáveis

> *J'ai dit non que tout est suggestion,*
> *mais qu'il y a de la suggestion dans tout.*
> H. Bernheim[4]

O estabelecimento da transferência investe o analista de um poder que tem como consequência imediata e, às vezes, duradoura o fato de que sua palavra pode sugerir com êxito, ou seja, ser obedecida. Esse poder serve aos fins da psicanálise somente com a condição de não ser usado[5]. Por isso, o ato do analista consiste essencialmente em suportar a transferência enquanto dure a análise, mas sem sugerir.

É pouco provável, creio, que um analista que se diga lacaniano não esteja de acordo com esse "abc" da doutrina psicanalítica. Porém, é também pouco provável que seu dizer esteja isento de produzir efeitos sugestivos no analisante, sobretudo se prevalece na análise a transferência "positiva".

---

[4] BERNHEIM, H. (1890) *Hypnotisme, Suggestion, Psychothérapie*, Paris, Octave Duin, 1903.
"Eu não disse que tudo é sugestão, mas que há sugestão em tudo."

[5] LACAN, J. (1958) A direção do tratamento e os princípios de seu poder. In: LACAN, J. *Escritos*. Rio de Janeiro: Jorge Zahar Editor, 1998.

A RESISTÊNCIA COMO MÁSCARA DO DESEJO

É perigosa a sugestão na análise? Freud não o achava. Ao fim de sua vida, escreveu: "O perigo de desencaminharmos um paciente por sugestão, persuadindo-o a aceitar a coisa em que nós próprios acreditamos, mas que ele não deveria aceitar, decerto foi enormemente exagerado"[6]. Contudo, mesmo que não seja perigosa, seu efeito se opõe ao efeito analítico, o qual não só vai contra a sugestão, mas também se produz somente com a condição de excluí-la.

Como discriminar o sugestivo do analítico? Em que se diferencia, quanto a seus meios e seus fins, a psicanálise de uma psicoterapia dessas que pululam com nomes e técnicas inovadores, mas que baseiam seu efeito, invariavelmente, na sugestão? Como pode o analista se livrar do imbróglio que denuncia Bernheim?

Essas perguntas, que poderiam ser vistas como de principiantes, são, contudo, perguntas de princípio. Antes de dar alguma resposta, vale a pena desenvolvê-las, fazer um reconhecimento mínimo de sua profundidade histórica. Vale aqui também o caso em que as respostas lançadas rapidamente se reduzem a esse tipo de enunciado que Lacan chamou de respostas antecipadas, as quais têm a mesma estrutura das interpretações forçadas e não se diferenciam da sugestão.

---

[6] FREUD, S. (1937) Construções em análise. In: *Edição Standard Brasileira das Obras Psicológicas Completas de Sigmund Freud*. Tradução sob a direção de Jayme Salomão. Rio de Janeiro: Imago, 2006, vol. XXIII, p.280.

Bernheim contra os crentes: esvair o fator sugestão

Já se destacou que a importância da obra de Bernheim é essencialmente crítica[7]. Para ele, em toda ação terapêutica há sugestão. Aplicada à arte de curar, a sugestão remonta à infância da humanidade. A medicina sacerdotal dos egípcios, a dos hebreus, a dos hindus e a dos gregos baseavam-se, essencialmente, na sugestão.

Um mudo poderia voltar a falar depois de ser obrigado a tomar banho na fonte de Esculápio: antes de escutar o oráculo, era submetido a fumigações, fricções e outras manipulações. Dormia nas cercanias do templo sobre a pele de cabra que havia oferecido à deusa, enquanto outros esperavam rezando. Assim, até o esgotamento pelo cansaço, pelo jejum e pela espera em si, aguardavam a aparição do deus da saúde que, finalmente, diferente de Godot, aparecia.

Todas essas cerimônias que precediam o sonho profético, comenta Bernheim com seu inalterável espírito científico, contribuíam para dar ao psiquismo uma direção que, nas circunstâncias em que se encontrava, dificilmente não produziria os efeitos esperados.

Nos exorcismos, no êxtase e nos talismãs provenientes da teosofia oriental de Zoroastro, nos milagres do cristianismo e nos exorcismos que esse toma daquela para conjurar o diabo, no magnetismo com que Paracelso substitui a teoria da influ-

---

[7] BERNHEIM, H. (1890) *Hypnotisme, Suggestion, Psychothérapie*. Paris, Octave Duin, 1903.

A RESISTÊNCIA COMO MÁSCARA DO DESEJO

ência demoníaca, no hipnotismo de Braid, em tudo há sugestão. Não importa de que prática se trate. A fé é tudo. E a fé, isto é, a crença é inerente ao espírito humano. É a imaginação humana que faz milagres, conclui Bernheim taxativamente. Mas não apenas na ação terapêutica. Também na observação clínica desliza, sutil e eficazmente, a sugestão. A demolidora crítica que Bernheim faz à escola de Salpêtrière (Charcot) baseia-se na demonstração de que tanto as fases do grande hipnotismo quanto as do ataque da grande histeria são sugeridas ao paciente por aquilo que vê que nos outros doentes. As perguntas do observador, que revelam seu ingênuo interesse de obter um dado clínico que ele mesmo induz, também agem nesse sentido.

A grande histeria de Charcot é uma "histeria de cultura", produto da educação hospitalária. "Uma histérica que assistiu às grandes crises tidas por outras repetirá com precisão a sucessão dos fenômenos que viu, sobretudo se percebe a atenção voltada a ela e se sabe que o observador espera esses fenômenos em certa ordem", escreve Bernheim com tinta indelével. A hipnose não é, para ele, outra coisa senão um estado de sugestionabilidade exagerada que pode ser produzido com ou sem sono. Não há hipnotismo, há apenas sujeitos sugestionáveis, afirma, reduzindo, assim, a chave de todos os métodos psicoterapêuticos a um único fator — que, então, Freud discutirá.

O que é a sugestão para Bernheim? É o ato pelo qual uma ideia é introduzida no cérebro e aceita por ele. Para que haja sugestão, é preciso que a ideia seja aceita, que o sujeito creia (*sic*). Por que opera a sugestão? Porque toda ideia sugerida e aceita tende a se fazer ato. O médico pode, então, utilizar a sugestão com um objetivo terapêutico. Considerando que a ideia pode advir ato, é natural aplicar essa potência para criar atos úteis à cura, avalia Bernheim.

A sugestão é tão antiga quanto o mundo. Foi praticada por todos, com total conhecimento ou inconscientemente. Intervém nas práticas religiosas, místicas, taumatúrgicas e, inclusive, oculta-se em muitos procedimentos da terapêutica médica. Mas o que é novo e pertence à escola de Nancy é, em primeiro lugar, a aplicação sistemática e racional da sugestão no tratamento dos doentes. Em seu livro *Hypnotisme, suggestion, psychothérapie*[8], Bernheim inclui mais de cem observações que ilustram o método.

Bernheim, porém, não produz uma elaboração teórica sobre a sugestão. Fica como a chave misteriosa de sua lúcida crítica de diversas práticas terapêuticas, chave que ele ensina a desembaraçar e a utilizar mais claramente, sem colocar coberturas operativas e explicações técnicas desnecessárias. Deu um passo que afasta a psicoterapia da religião e a aproxima da ciência. Abandonou, por isso, sua crença? Não, em absoluto.

O parágrafo final do primeiro capítulo do livro evidencia que Bernheim espera da sugestão um milagre salvador, não de um paciente, mas da humanidade. Para ele, estava reservado à contemporaneidade trazer à luz, de modo completo, definido e claro, a doutrina científica da sugestão, responsável pelo desvanecimento das quimeras e das superstições que cegaram a humanidade à época.

---
[8] *Ibid.*

A RESISTÊNCIA COMO MÁSCARA DO DESEJO

Para dizer a verdade, a nenhuma doutrina científica parece corresponder semelhante virtude emancipadora. A própria psicanálise encontra apenas obstáculos quando se trata de desembaraçar um neurótico da última quimera, a mais moderna, efeito agora da ciência: o sujeito suposto saber. De todo modo, há na crítica de Bernheim uma interrogação metódica que Freud e Lacan retomarão e que o analista, para se orientar em sua prática, não deveria esquecer jamais: o "fator sugestão" foi bem separado para garantir que é outra a causa de uma mudança no sujeito? São numerosas as provas na história da psicanálise e naquilo que cotidianamente ocorre nos consultórios: a reincidência da psicanálise na sugestão é sua degradação mais comum, mais simples e, às vezes, a mais confortável.

O próprio Freud reconheceu isso em um parágrafo memorável: "Os sucessos terapêuticos que ocorreram sob a influência da transferência positiva estão sujeitos à suspeita de serem de natureza sugestiva. Se a transferência negativa leva a melhor, eles são soprados como farelo ao vento"[9].

---

[9] FREUD, S. (1938) Esboço de psicanálise. In: *Edição Standard Brasileira das Obras Psicológicas Completas de Sigmund Freud*. Tradução sob a direção de Jayme Salomão. Rio de Janeiro: Imago, 2006, vol. XXIII, p.191.

2.

A resistência contra a sugestão

> E o que quer fazer de seu médium
> aquele que pratica a hipnose ou a sugestão?
> Muito simplesmente, impedilo de sentir,
> de querer o que, segundo a sua natureza,
> deveria sentir, saber ou querer...
> S. Ferenczi[10]

Depois de sua estadia em Paris, junto de Charcot, o jovem Freud praticava a hipnose e obtinha, a partir dela, alguns sucessos terapêuticos. Entretanto, se irritava com as falhas do procedimento: não conseguia um estado de hipnose tão profundo como desejava e não hipnotizava todos os seus pacientes.

Em *Um estudo autobiográfico*[11], Freud conta que, em 1889, viajou a Nancy para aperfeiçoar sua técnica hipnótica, levando consigo uma histérica exemplar de dotes geniais

---

[10] FERENCZI, S. (1912) Sugestión y psicoanálisis. In: Psicoanálisis, Vol. I, Madrid, Espasa-Calpe, 1981.
[11] FREUD, S. (1925) Um estudo autobiográfico. In: *Edição Standard Brasileira das Obras Psicológicas Completas de Sigmund Freud*. Tradução sob a direção de Jayme Salomão. Rio de Janeiro: Imago, 2006, vol. XX, p.09-78.

A RESISTÊNCIA COMO MÁSCARA DO DESEJO

que não havia conseguido curar com essa técnica. Em Nancy, constata que também Bernheim não o conseguiu. E, não só isso, Bernheim confessa que só consegue grandes êxitos terapêuticos com a sugestão em sua prática hospitalar, mas não com os doentes que atende no consultório.

Assim como sua paciente, Freud começou a ser contrário à tirania da sugestão, que lhe parecia um ato de violência ao qual o sujeito tem o direito de resistir[12]. Nessa resistência, Freud descobriria a chave do que move a análise — Lacan, daquilo que a orienta. O uso dessa resistência é a descoberta mais importante da psicanálise como método de cura. Agir a partir dela, e não contra ela, é o que distingue esse método dos demais.

A psicanálise, nos dizeres de Ferenczi, descobriu que aqueles que tinham razão eram os pacientes, não os hipnotizadores que lhes sugeriam o desaparecimento de seus sintomas, dizendo-lhes que já "não tinha nada"[13]. A histérica que se queixa de dor de cabeça está realmente afetada: apenas se equivoca em relação à verdadeira causa de seu mal.

Isso é o que leva Freud, depois de 1889, a se interessar mais pela causa do sintoma do que por sua supressão. Rapidamente, percebe o nexo dessa causa com o sexual que irrompe no psiquismo prematuramente, ferindo para sempre a constituição do instinto sexual que se fragmenta em pulsões parciais.

---

[12] FREUD, S. (1921) Psicologia de grupo e a análise do ego. In: *Edição Standard Brasileira das Obras Psicológicas Completas de Sigmund Freud*. Tradução sob a direção de Jayme Salomão. Rio de Janeiro: Imago, 2006, vol. XVIII, p.77-154.

[13] FERENCZI, S. (1912) Sugestión y psicoanálisis. In: Psicoanálisis, Vol. I, Madrid, Espasa-Calpe, 1981.

A RESISTÊNCIA CONTRA A SUGESTÃO

O sexual propriamente dito fica excluído daquilo verbalizável e, por isso, o desejo sexual insiste em cada palavra, angustia em cada silêncio, expressa-se em cada sintoma mediante mentiras, substituições, deslocamentos. A causa do sintoma é algo exterior à cadeia das associações, mas também interno a ela. Aloja-se na extimidade do intervalo — pode-se dizer, depois de Lacan, entre significantes.

Como é possível se orientar, partindo do sintoma, para situar sua causa na trama das associações do paciente? Freud dá a resposta em 1895, nos *Estudos sobre a histeria*[14]: quanto mais se aproximam as associações à causa — "o núcleo patógeno" — do sintoma, maior é a resistência, a dificuldade na verbalização.

Mesmo que não o diga assim, é bem claro que Freud utiliza a resistência como bússola. Não apenas a resistência entendida como dificuldade em verbalizar, mas também a resistência entendida como desacordo do sujeito em relação à interpretação sugerida pelo analista. É, então, totalmente infrutífero crer que a concordância do sujeito é índice de que a interpretação está correta.

A pureza da atitude libidinal na hipnose

Freud disse ter praticado a hipnose desde o início com uma finalidade distinta daquela da sugestão hipnótica. Há algo na hipnose, então, que não é mera sugestão? Bernheim estava

---

[14] FREUD, S. (1893-1895) Estudos sobre a histeria. In: *Edição Standard Brasileira das Obras Psicológicas Completas de Sigmund Freud*. Tradução sob a direção de Jayme Salomão. Rio de Janeiro: Imago, 2006, vol. II.

errado? Freud, que intuía que o real está mais de acordo com a contradição do que com o fator único, responde que sim.

O vínculo hipnótico é, para ele, uma entrega apaixonada irrestrita, mas exclui toda satisfação sexual direta. É uma massa de dois, em que a sugestão exercida pelo hipnotizador é apenas uma das partes do fenômeno. A outra parte é a disposição libidinal do sujeito hipnotizado[15]. Essa é a mais importante porque é a que, estruturalmente, torna possível a sugestão. A essa disposição libidinal, Freud dá o nome de transferência.

Bernheim, por sua vez, já havia demonstrado de modo cabal que essa entrega apaixonada, aparentemente irrestrita, que essa obediência quase ilimitada, tem limites bem claros: sob hipnose, não se consegue fazer cometer crimes nem usar sexualmente aqueles que não se submeteriam a isso estando acordados. São muitos os que resistem às sugestões que o hipnotizador pretende impor. Por isso, Bernheim afirma que é um erro supor que o hipnotizado pertence a seu hipnotizador, que é puro autômato, sem vontade e sem resistência[16].

Em seu artigo *L'hypnose et les suggestions criminelles*, Delboeuf diz, também em 1895: "Pelos fatos que numerosas observações nos provêm, pode-se inferir que o hipnotizado conserva uma parte suficiente de inteligência, de razão e de

---

[15] FREUD, S. (1921) Psicologia de grupo e a análise do ego. In: *Edição Standard Brasileira das Obras Psicológicas Completas de Sigmund Freud*. Tradução sob a direção de Jayme Salomão. Rio de Janeiro: Imago, 2006, vol. XVIII, p.77-154.

[16] BERNHEIM, H. (1890) *Hypnotisme, Suggestion, Psycho thérapie*. Paris, Octave Duin, 1903.

liberdade, destaco a palavra, para se prevenir de realizar atos inconciliáveis com seu caráter e seus costumes"[17].

Nessa época, os crimes ocorridos por sugestão geralmente não eram, para Bernheim, verdadeiros crimes. Nem todos os "sugestionáveis" são aptos a cometer crimes sérios, assim como o verdadeiro crime não está ao alcance de todo mundo. Não é criminoso quem o hipnotizador quer. Os crimes realizados sob hipnose são apenas "crimes de laboratório", cometidos com facas de plástico, com pistolas sem balas, com venenos inofensivos ou com armas verdadeiras, mas contra vítimas de papelão.

É somente a confiança no médico que torna dóceis aqueles submetidos à sugestão. Mas a confiança dura, precisamente, enquanto sabem que se trata de uma representação. Representam de boa-fé a comédia que lhes é imposta. Como explicar essa entrega tão irrestrita quanto fictícia — quer dizer, entrega representada — de que se trata a hipnose?

No texto *Psicologia das massas*, Freud responde mais ou menos assim: só se produz enquanto o hipnotizador coincide com o ideal do eu. Quando ele se afasta desse ideal, o sujeito já não obedece. Porém, a total ausência de aspirações de meta sexual não inibida produz essa pureza da atitude libidinal característica da hipnose, na qual o sujeito não oferece resistência. Seu desejo aparentemente se esvai e apenas a poderosa vontade do hipnotizador interessa, que parece deter, para o sujeito, a causa de todo desejo possível.

---

[17] DELBOEUF, J. (1895) *L'hypnotisme et les suggestions criminelles*, Revue de l'hypnotisme (1985). Citado por Bernheim em *op. cit.*

A RESISTÊNCIA COMO MÁSCARA DO DESEJO

Mas há limites, e não somente aqueles dados pela moral ou pela razão, que surgem na medida em que o hipnotizador se afasta do ideal. Há também limites dados pelo desejo do sujeito. "Uma pessoa que não pode ser hipnotizada é uma pessoa que, inconscientemente, não quer ser hipnotizada"[18], escreveu Ferenczi.

Essa resistência, que irritava Freud, também o incitou a investigar o que resistia. A busca o levou às portas do inferno — do inferno privado que se expressa no mal-estar do sintoma neurótico. Ali encontrou um desejo sexual e indestrutível que é vital para sujeito, mas que, quando não segue a via da sublimação, faz com que todos os seus encontros ganhem a forma repetitiva da transferência. Ou seja, reconhecer um Outro que já não existe no homem ou na mulher que tem à sua frente, com quem, contudo, se encontra. Geralmente, sem se dar conta.

>Havia uma garota do Pireu
>Que sonhou ser violada por um judeu.
>Ela acordou no escuro
>Com um grito de amor puro
>E já não encontrou o hímen seu![19]

Êxitos provisórios e ilusões de fracasso

A noção de resistência, de sentido tão múltiplo em Freud e que se prestou a desvios tão aberrantes, teve, contudo, o va-

---
[18] FERENCZI, S. (1909) Transferencia e introyección. In: *Psicoanálisis*, Vol. I, Madrid, Espasa-Calpe, 1981.
[19] MILLER, H. *Nexus*. Porto Alegre: L&PM Editores Ltda., 1965, p.345.

lor fundamental de apartar a psicanálise da sugestão e de protegê-la disso. É interessante explorar algumas relações dessa noção com a de transferência e com a de sintoma em Freud e em Ferenczi.

Definimos provisoriamente a transferência como uma atitude libidinal do sujeito que torna factível a sugestão. Não há sugestão sem transferência. "A submissão incondicional a uma vontade estranha só pode explicar-se pela transferência inconsciente para o médico de afetos infantis, mas intensamente erotizados (amor, respeito)"[20].

A transferência, ademais, basta, muitas vezes por si só, para eliminar os sintomas. Mas o faz de modo provisório, enquanto ela mesma subsiste como transferência positiva. Se somente isso ocorresse em uma análise, seria um tratamento sugestivo, reflete Freud[21]. É o despertar da resistência o que precisamente protege a psicanálise da sugestão[22].

---

[20] FERENCZI, S. (1909) Transferência e Introjeção. In: FERENCZI, S. *Obras Completas – Psicanálise I*. São Paulo, Martins Fontes, 1991, p.98. Notas 131 Essa tese formulada por Ferenczi, em 1909, foi subscrita por Freud em 1912. FREUD, S. (1912) A dinâmica da transferência. In: *Edição Standard Brasileira das Obras Psicológicas Completas de Sigmund Freud*. Tradução sob a direção de Jayme Salomão. Rio de Janeiro: Imago, 2006, vol. XII, p.107-119.

[21] FREUD, S. (1913) Sobre o início do tratamento (novas recomendações sobre a técnica da psicanálise). In: *Edição Standard Brasileira das Obras Psicológicas Completas de Sigmund Freud*. Tradução sob a direção de Jayme Salomão. Rio de Janeiro: Imago, 2006, vol. XII, p.135-158.

[22] FREUD, S. (1921) Psicologia de grupo e análise do ego. In: FREUD, S. *Edição Standard Brasileira das Obras Psicológicas Completas de Sigmund Freud*. Tradução sob a direção de Jayme Salomão. Rio de Janeiro: Imago, 1996, p.79-145.

A transferência, porém, não tem apenas esse matiz positivo, de amor dessexualizado que, às vezes, basta por si só para suprimir os sintomas. Recordemos: "Os sucessos terapêuticos que ocorreram sob a influência da transferência positiva estão sujeitos à suspeita de serem de natureza sugestiva. Se a transferência negativa leva a melhor, eles são soprados como farelo ao vento"[23].

Curiosamente, a transferência pode se transformar na arma mais poderosa da resistência. O que é interpretar a transferência? É um dizer que transforma a arma mais poderosa da resistência... no motor da cura!

O que resiste à sugestão resiste também ao êxito terapêutico e busca se expressar como uma recusa a que sua manifestação, o sintoma, seja suprimida antes do tempo. Mas o que resiste? Não podemos responder ainda, a não ser em curto-circuito. Vamos somente adiantar que não é o eu nem o sujeito. Talvez também não sejam nem o supereu nem o isso.

O psicanalista não precisa ter êxito terapêutico ou aprovação profissional para se perder, mas esses podem ajudá-lo. Como o conde de Gloucester, que não precisa de olhos para se extraviar e consegue se orientar na cura, considerando que "de olhos não preciso. Tropecei quando via: é bem frequente que quando estamos bem nos descuidemos e a adversidade seja proveitosa"[24]. A melhora sintomática não é um índice seguro.

---

[23] FREUD, S. (1938) Esboço de psicanálise. In: *Edição Standard Brasileira das Obras Psicológicas Completas de Sigmund Freud*. Tradução sob a direção de Jayme Salomão. Rio de Janeiro: Imago, 2006, vol. XXIII, p.191.

[24] SHAKESPEARE, W. *O Rei Lear*. Tradução de Jorge Wanderley. Rio de Janeiro: Relume-Dumará, 1992. Edição Bilíngue. Ato IV, Cena I, p.153.

A RESISTÊNCIA CONTRA A SUGESTÃO

Isso não quer dizer, em absoluto, que seja preciso esquecer o sintoma. O próprio Freud ensinou que, na análise, o sintoma pode ser usado como bússola na medida em que "se intromete" (*mitspricht*) no texto das associações livres, operando como resistência[25]. Ou, ainda, na medida em que se atreve a dar exteriorizações mais nítidas no curso da análise, ou também na medida em que se agrava para confirmar, sob a figura de uma reação terapêutica negativa, a correção de uma interpretação. Essa estranha força que subjaz ao sintoma e que se opõe à cura é o motor da análise e deve, portanto, ser respeitada. O princípio de abstinência indica que não devem ser proporcionadas satisfações substitutivas do sintoma que permitam seu desaparecimento.

O sintoma, quando se apresenta sob uma dessas formas transferenciais, passa a ser a expressão por excelência do que resiste ao positivo, à cura. Devo acrescentar a essas negatividades — *mitspricht*, agravamento, reação terapêutica negativa — a pura e simples *Verneinung* como o sintoma transferencial mínimo com o qual Freud nos ensina a reconhecer aquilo que costuma verificar a intervenção do analista? Por que não?

"Não!", diz aquele que resiste às receitas sugestivas. "Não!" à interpretação — à qual depois, às vezes, se ajusta. "Não!" ao êxito terapêutico. "Não!" ao alívio por vias alheias. Mas por que "não"?

---

[25] FREUD, S. (1893-1895) Estudos sobre a histeria. In: *Edição Standard Brasileira das Obras Psicológicas Completas de Sigmund Freud*. Tradução sob a direção de Jayme Salomão. Rio de Janeiro: Imago, 2006, vol. II.

A RESISTÊNCIA COMO MÁSCARA DO DESEJO

A enigmática prosopopeia começa a se elucidar quando Freud diz:

> Só quando a resistência está em seu auge é que pode o analista [...] descobrir os impulsos instintuais reprimidos que estão alimentando a resistência [...] O médico não tem mais nada a fazer senão esperar e deixar as coisas seguirem seu curso, que não pode ser evitado nem continuamente apressado. Se se apegar a essa convicção, amiúde ser-lhe-á poupada a ilusão de ter fracassado[26].

Essa é uma resposta freudiana, ainda que não seja a única. Quem resiste? O pulsional resiste. O gozo que se expressa no sintoma resiste.

Assim nasce o germe do curioso paradoxo que se desdobra, para muitos pós-freudianos, em contradições teóricas e práticas alheias à psicanálise, como, por exemplo, a ideia de que o paciente vai ao analista para resistir à análise. Freud chegou somente até aí devido à falta das distinções conceituais entre desejo e gozo, entre desejo e demanda, entre ter e ser o falo, as quais, posteriormente, seriam desenvolvidas por Lacan.

Não é alheio a esse limite freudiano um outro limite, aquele em que, para ele, as análises concluem: as resistên-

---

[26] FREUD, S. (1914) Recordar, repetir, elaborar. In: *Edição Standard Brasileira das Obras Psicológicas Completas de Sigmund Freud*. Tradução sob a direção de Jayme Salomão. Rio de Janeiro: Imago, 2006, vol. XII, p.170-171.

cias de transferência são um bloqueio intransponível quando expressam a angústia de castração. O "repúdio ao feminino" é um dado irredutível para Freud, pois o neurótico resiste em abandonar o gozo que entranha a localização neurótica em relação ao falo.

Lacan, alguns anos depois, ultrapassa esses limites e resolve o paradoxo. Mas o faz somente depois de dissolver a noção de resistência, que tanto serviu no começo da psicanálise e que tanto contribuiu à sua sustentação.

Klein contra as influências educativas

Um capítulo muito conhecido e importante da história da psicanálise é o debate de Melanie Klein com Anna Freud. Basicamente, o que a primeira crítica da tese da segunda são dois pontos de vista que podem ser sintetizados assim:

1. Com crianças, não é possível estabelecer a situação analítica.
2. A análise da criança deve ser combinada com influências educativas.

Para Klein, o primeiro ponto é consequência do segundo porque "a verdadeira situação analítica só pode ser atingida através de meios analíticos"[27]. O analista não deve sugerir e, sobretudo, não deve sugerir instruções pedagógicas.

---
[27] KLEIN, M. (1927) Simpósio sobre análise de crianças. In: KLEIN, M. *Amor, culpa e reparação e outros trabalhos* (1921-1945). Rio de Janeiro: Imago Ed., 1996, p.170.

A RESISTÊNCIA COMO MÁSCARA DO DESEJO

Nada mais contrário à psicanálise, efetivamente, do que a proposta de Anna Freud: "É preciso que o analista domine pedagogicamente a criança"[28]. Para sustentar essa proposta, é preciso conseguir atrair sobre si a transferência positiva e sustentá-la — não analisá-la. Quer dizer, voltar à posição do hipnotizador.

Consideremos um caso apresentado brevemente por Anna Freud que ilustra muito bem em que ponto deve-se recorrer ao "domínio pedagógico" do paciente. Trata-se de uma menina de 6 anos que padece de uma neurose obsessiva "extremamente grave" e que, contudo, inicia muito facilmente a análise. Em uma das primeiras entrevistas, diz que tem um demônio dentro de si e pergunta à analista se ela consegue tirá-lo.

Sem muitas dificuldades para cumprir a regra fundamental, rapidamente converte as sessões em "depósitos de todos os sonhos diurnos que a oprimiam" — são palavras de Anna Freud. Para a analista, isso é muito bom, pois denota confiança da menina em relação a ela. E, ademais, não parece intervir ou não dar importância às suas intervenções, não fala delas. As sessões são "recreios" em que a paciente descansa e se diverte.

Tudo ia muito bem até que a menina, anteriormente muito inibida, amplia insistentemente seus "recreios" à mesa familiar. Não cessa de se deleitar com fantasias, comparações e expressões anais que tiram o apetite de crianças e adultos da família. Eles "se levantam da mesa, um atrás do outro, com mostras silenciosas de reprovação".

---

[28] FREUD, A. (1927) *Psicoanálisis del niño*. Buenos Aires, Hormé, 1981.

A RESISTÊNCIA CONTRA A SUGESTÃO |

É preciso esclarecer que Anna Freud havia sugerido aos pais e à babá que não interviessem em seu afã de "ocupar o lugar do ideal de eu infantil" para que "a autoridade do analista sobrepassasse à dos pais".

Longe de entender a exibição obscena da menina como "transferência negativa" e a extensão de seus "recreios" à mesa familiar como um *acting out*, Anna Freud educa a menina: dá bronca e a proíbe de contar essas coisas a ninguém que não a ela. Depois disso, a menina volta a ser inibida e frágil.

Com esse caso, Anna Freud pretende demonstrar, sobre a base da debilidade do ideal de eu infantil, a necessidade de que o analista o encarne, dominando pedagogicamente a criança. Ela mesma conta que, depois de numerosas reiterações no curso da análise do ciclo inibição-maldade, o tratamento a leva "ao caminho médio entre os dois extremos que estavam a seu alcance". Ou seja, termina sua análise, longa e intensa, como uma menina meio inibida e meio má, mas nem muito inibida e nem muito má.

Melanie Klein, por sua vez, desde o início da análise tenta atrair a transferência negativa em sua direção a fim de analisá-la — não para ignorá-la ou proibi-la. O analista, para a menina em questão, era o depositário do objeto anal. Essa posição transferencial não pode ser ignorada pelo analista, que a valoriza como transferência negativa ou positiva — apesar de tudo, como já foi dito, ser uma merda é existir energicamente.

Aceitar teoricamente como "recreio" essas sessões de satisfação obscena supõe desconhecer a rebelião do desejo des-

41

sa menina contra a demanda educativa — a demanda anal — desses pais que, obviamente, educavam mal.

Antecipando-me ao que desenvolverei, assinalo que interpretar o desejo com o que isso inclui de virtude separadora é bem diferente de interpretar o gozo, que enche de lama o depósito em que a análise se transforma até o ponto de transbordar o conteúdo que, então, chamará a atenção em outro lugar — *acting out*.

Mas, sobre isso, Melanie Klein também não tinha muita clareza. Infinitamente menos grosseira do que Anna Freud, Klein não gerava em vão resistências do eu, mas culpabilidade — resistências do supereu na classificação freudiana[29]. É muito interessante pesquisar como conseguia isso, justamente ela, que lutava pela reparação. É também uma questão vigente e de grande importância em Buenos Aires, onde, nas "reanálises" de pacientes longamente analisados por kleinianos, encontramos com frequência os efeitos de um intenso e frutífero cultivo da culpabilidade.

Mas, é necessário esclarecer um pouco as ferramentas lacanianas para explicá-lo.

---

[29] FREUD, S. (1926) Inibições, sintomas e ansiedade. In: *Edição Standard Brasileira das Obras Psicológicas Completas de Sigmund Freud*. Tradução sob a direção de Jayme Salomão. Rio de Janeiro: Imago, 2006, vol. XX p.79-171.

3.
A solução lacaniana

> ... *a resposta mais eficaz a uma defesa não é fazer-lhe uma demonstração de força.*
>
> J. Lacan[30]

Ao falar a um público não psicanalítico, Freud apresenta a resistência do neurótico à cura como algo bastante estranho, mas que está presente desde o início da análise: como rebeldia ao cumprimento da regra fundamental sob a forma de uma argumentação dilatória ou contrária à psicanálise, e também como transferência que repete a relação do sujeito com o antigo objeto edípico[31].

Para o analista, por sua vez, a resistência não é algo estranho. Pode encontrá-la muito facilmente, inclusive guiado por sua falta de habilidade. A questão está na posição que o analista assume diante da resistência.

---

[30] LACAN, J. (1954) Introdução ao comentário de Jean Hyppolite sobre a "Verneinung" de Freud. In: LACAN, J. *Escritos*. Rio de Janeiro: Jorge Zahar Editor, 1998, p.377.

[31] FREUD, S. (1916) Conferência XIX: Resistência e Repressão. In: *Edição Standard Brasileira das Obras Psicológicas Completas de Sigmund Freud*. Tradução sob a direção de Jayme Salomão. Rio de Janeiro: Imago, 2006, vol. XVI, p.293-308.

A RESISTÊNCIA COMO MÁSCARA DO DESEJO

Freud explicou a esse mesmo público que as resistências, especialmente as do último tipo, convertem-se nos melhores suportes da análise, caso uma técnica adequada lhes dê o giro correto. Aquilo que apresenta uma fachada hostil ao analista tem a milagrosa virtude de assinalar o "material" discursivo ao qual se deve prestar atenção...

Dessa forma, poderia parecer estranho que a psicanálise, que não busca a remissão sintomática imediata, continue chamando esse indicador de "resistência". Mesmo que se reduza à primeira forma — que o sujeito silencie suas associações —, trata-se de um silêncio situado no seio de um discurso e em um ponto preciso no qual Freud reconhece a proximidade do "núcleo patógeno", ou o império de uma apelação ao analista. Nesse mesmo ponto de articulação da resistência à dialética analítica, Lacan ensina a reconhecer a anáclise da presença do analista, presença que angustia, presença que atrai.

As resistências do eu

A primeira ferramenta psicanalítica inventada por Lacan, ele mesmo disse com insistência, foi uma vassoura que usou para limpar a psicanálise de uma parte do imaginário. Vide seu estádio do espelho como constituinte do eu que, efetivamente, eliminou do bestiário analítico a sentinela da qual a *ego psychology* fez um objeto de culto, ou seja, o eu.

Lacan ensina a reconhecer, em cada uma das cabeças desse monstro imaginário, que presume ser único, a imagem infantil do corpo refletida no espelho, à qual se imprimem todos e cada um dos ideais que o constituíram, por identificação, nos interstícios da história do sujeito.

Como o monstro é imaginário, e dada sua origem, basta tirar o espelho para que desapareça. Por isso, Lacan afirma que, se o analista, no momento em que advém presença, se encontra com o ego do sujeito, é porque aí se faz suporte de seu *alter ego*[32]. Assim, transforma a situação analítica em uma relação imaginária entre semelhantes, com o que isso implica de rivalidade, agressividade e desconhecimento. Ele mesmo engendra as condições imprescindíveis para que emerjam as resistências do eu.

Mas como conseguir degradar o laço analítico a uma relação imaginária? Não basta colocar esse espelho no consultório nem fazer sessões cara a cara. Assim como a dupla eu-eu ideal não se sustenta sem um suporte no simbólico — o ideal de eu —, as resistências imaginárias do ego não se produzem, ou não se mantêm, se o analista não põe em jogo a contratransferência — que, para Lacan, é a soma dos preconceitos do analista. Para obter as resistências do eu, enérgicas e duradouras, o analista pode tentar:

> convencer o paciente,
> querer ter razão,
> manifestar seu agrado ou desagrado,
> aconselhar sobre uma decisão a ser tomada,
> incitar aderir a um Ideal qualquer,

---
[32] LACAN, J. (1954) Introdução ao comentário de Jean Hyppolite sobre a "Verneinung" de Freud. In: LACAN, J. *Escritos*. Rio de Janeiro: Jorge Zahar Editor, 1998, p.370-401.

A RESISTÊNCIA COMO MÁSCARA DO DESEJO

> que seja — de conforto ou de lacanismo,
> de sexo livre ou de socialismo —,
> impor seu critério de realidade
> e tentar adaptá-lo a ele, ao sujeito;
> quando a interpretação não tem efeito,
> repeti-la,
> e se não der certo,
> acusá-lo de má vontade, de covardia
> ou de masoquismo.

Se insiste nessa via, também conseguirá, com frequência, que o tratamento logo termine.

Não foi buscando o assentimento do sujeito que Freud conduziu as análises. Ele, na verdade, se servia da resistência para implicar o sujeito na mensagem, suscitando, inclusive, sua solicitude, diz Lacan referindo-se aos *Estudos sobre a histeria*[33] e ao historial do Homem dos ratos[34]. É preciso reconhecer, no momento angustiante que se considera "resistência", a disposição propícia do sujeito para o desencadeamento de ressonâncias da palavra[35]. É o momento de interpretar. Porque a resistência não é à análise, e sim, à sugestão.

---

[33] FREUD, S. (1893-1895) Estudos sobre a histeria. In: *Edição Standard Brasileira das Obras Psicológicas Completas de Sigmund Freud*. Tradução sob a direção de Jayme Salomão. Rio de Janeiro: Imago, 2006, vol. II.

[34] LACAN, J. (1953) Função e campo da fala e da linguagem em psicanálise. In: LACAN, J. *Escritos*. Rio de Janeiro: Jorge Zahar Editor, 1998, p.238-324.

[35] *Ibid.*

Esperar o assentimento do sujeito, não para o psicólogo, mas para o analista, é esperar um "não". Será preciso recordar que esse "não", aplicado a outro "não", o da subtração inconsciente, em termos lógicos, pode dar um "sim"?

Nos anos 1950, quando Lacan inicia seu Seminário, dirige suas críticas mais exacerbadas à *ego psychology*. Leva o essencial da técnica analítica à análise das resistências e, pretendendo estendê-lo a uma psicologia geral — cf. Hartmann, seu principal teórico[36] —, reduz a psicanálise precisamente a uma psicologia do eu, com a consequência inevitável do retorno do procedimento analítico à sugestão; uma sugestão difícil, intrincada e sem talento.

Em seu ímpeto, Lacan chega a afirmar que não há, em análise alguma, outra resistência que não seja a do analista. Exagera? E as resistências do isso? E as do supereu, as quais o próprio Lacan relembra para destacar que elas não são privilégio do eu[37]?

A *interpretação forçada*

Outra ferramenta decisiva introduzida por Lacan no discurso da psicanálise é a distinção entre demanda e desejo. Desenvolvê-la minimamente exige certo tecnicismo e um pouco de lógica, mas é fundamental para entender o que resiste na análise e a quê.

---

[36] HARTMANN, H. (1939) *Psicologia do ego e o problema de adaptação*. Rio de Janeiro: BUP, 1968.
[37] LACAN, J. (1955) A coisa freudiana. In: LACAN, J. *Escritos*. Rio de Janeiro: Jorge Zahar Editor, 1998, p.402- 437.

A RESISTÊNCIA COMO MÁSCARA DO DESEJO

A demanda é uma mensagem que se produz no lugar do Outro, com o "código" do Outro, datada, inclusive, no lugar do Outro e que marca o sujeito da necessidade com os significantes que supostamente a expressam, insisto, a partir do lugar do Outro.

Isso já permite vislumbrar que não há diferença entre a exigência (demanda) de satisfação da necessidade e a sugestão. É o Outro que diz ao sujeito que o que o satisfaz é o Outro da sugestão. Se a estrutura subjetiva se reduz a isso, temos um mecanismo "perfeito" em que o sujeito recebe sua própria mensagem do Outro, que exige a satisfação de sua própria necessidade.

O sujeito assim concebido é um autômato. Obedece à sugestão da demanda como respondendo a seu próprio instinto, à maneira do automatismo de comando, que Kraepelin descreve como um transtorno da vontade característico da demência precoce: o sujeito obedece sem demora até mesmo a ordem mais absurda[38].

Obviamente, há pelo menos uma parte da necessidade que não se expressa nesse circuito infernal da demanda sugestiva. Há na necessidade uma fonte "natural" de resistência à sugestão. É daí que o desejo toma seu impulso, que se especifica, para Lacan, por ser irredutível à demanda, por resistir a ela e por apresentar, em relação às suas exigências, um caráter de insatisfação essencial e aberrante.

O que pode emoldurar esse desejo e, concomitantemente, assegurar um espaço onde subsistir é uma curiosa proprie-

---

[38] KRAEPELIN, E. (1899) *Psychiatrie*. Vol. II, Leipzig, Barth, 1899.

dade da demanda que depende de sua estrutura significante e que, ao mesmo tempo, a revela. A demanda, por si só, leva a algo distinto daquilo exigido pelas satisfações. É também demanda de presença ou de ausência, como se revela no caso em que o sujeito não come a não ser na presença — ou na ausência — do Outro.

Em função dessa propriedade estrutural, a demanda constitui o Outro, efetivamente, como tendo o privilégio de satisfazer as necessidades. Em outras palavras, dota-o do poder de privá-las daquilo com o que se satisfazem, contribuindo, assim, decisivamente à estabilização do desejo como insatisfação. Esse poder que a demanda confere ao Outro é a transferência, que é o amor autêntico porque dá ao Outro o que não tem — o poder de (não) satisfazer as necessidades.

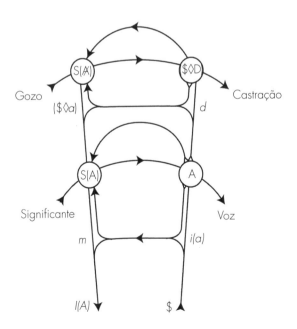

A RESISTÊNCIA COMO MÁSCARA DO DESEJO

Lacan inscreve essa dedução em seu Grafo[39] a fim de ilustrar a necessidade do intervalo entre os dois usos da demanda para que subsista o espaço do desejo. Toda redução da transferência (demanda de amor) à sugestão (exigência de satisfação) esmaga o espaço do desejo.

A *belle bouchère*[40], que não ignorava isso, acrescentava explicitamente à demanda "quero caviar!", que dirige ao açougueiro, sua contrapartida de amor: "Peço que me prives por razões econômicas." A economia em questão era a do desejo.

Pode-se conceber, assim, que a demanda sexual mostra uma ambiguidade que responde à duplicidade estrutural da demanda: incide, por um lado, sobre o sujeito da necessidade e, por outro, como prova de amor. O enigma da relação sexual, de todo modo, não se esgota nela, pois não é suficiente para que o sujeito, ou o *partenaire* sexual, seja sujeito da necessidade nem objeto de amor, mas deve ter lugar de causa de desejo.

Acompanhando até aqui essas intrincadas elucubrações, quase calcadas em alguns textos de Lacan dos primeiros anos de seu ensino, será possível entrever, talvez, o esclarecimento que produz esse esforço explicativo do psicanalista francês nas seguintes questões clínicas:

---

[39] LACAN, J. (1960) Subversão do sujeito e dialética do desejo no inconsciente freudiano. In: LACAN, J. *Escritos*. Rio de Janeiro: Jorge Zahar Editor, 1998, p.831.

[40] FREUD, S. (1900) A interpretação dos sonhos. In: *Edição Standard Brasileira das Obras Psicológicas Completas de Sigmund Freud*. Tradução sob a direção de Jayme Salomão. Rio de Janeiro: Imago, 2006, vol. IV, p.180-185.

1. O que resiste à sugestão? O desejo! O desejo mantém a direção da análise fora dos efeitos da demanda.

A redução da transferência à sugestão produz o achatamento do desejo na situação analítica, e o que resiste a essa redução é precisamente o desejo.

Bernheim insistia que nenhuma sugestão, por mais êxito que tenha, jamais se apodera totalmente do sujeito. Isso quer dizer que, quando o sujeito, mesmo sob hipnose, cede à demanda do outro por uma atitude libidinal propícia, reserva uma margem de resistência inalterável: aquela em que o desejo não é redutível à demanda.

2. Todas as demandas do analisante se revelam, na vertigem de alguns momentos cruciais da análise, como transferências. Longe de se expressar ali para serem satisfeitas, na análise, as demandas são transferências destinadas a sustentar e a expressar lentamente o desejo instável do neurótico.

Responder à demanda no sentido de sua satisfação tende a produzir o mesmo efeito que a sugestão: redução da demanda de amor à exigência da necessidade. O achatamento do espaço do desejo, novamente. O analista bom e compreensivo pode ser um mau analista.

3. Se o que há de resistência na transferência é o desejo, entende-se, então, que, quando a interpretação revela sua natureza de desejo, a transferência pode passar da

A RESISTÊNCIA COMO MÁSCARA DO DESEJO

arma mais poderosa da resistência ao motor da cura. Se o desejo é sua interpretação, é precisamente porque, fora dela, se apresenta disfarçado. Na análise, sua máscara habitual é a resistência.

Não há nenhum inconveniente agora em considerar a transferência negativa, ou o agravamento do sintoma que responde à interpretação, como transferência positiva, porque "é o desejo que mantém a direção da análise, fora dos efeitos da demanda"[41].

É de se imaginar quanto se extraviaria o analista se, depois de algumas interpretações "corretas", obtendo uma rápida melhora sintomática, considerasse solucionada a problemática do neurótico. Mas, na prática, não há tais chances, pois o analisante se encarrega de mostrar ao analista seu erro: não deve ser a remissão sua meta principal.

É de se imaginar o quão traído pode se sentir o neurótico que, durante décadas, sustentou como pôde uma resistência variavelmente surda e penosa à demanda com a qual o meio familiar, o meio educativo, o meio social e o meio laboral pretenderam idealizar, educar, adaptar ou submeter seu desejo.

É de se imaginar, então, quão traído pode se sentir quando o analista pretende curá-lo de seu desejo. Não! Não vai conseguir fazer isso! "Não faças votos. Não está ao alcance dos mortais evitar o que está determinado[42]."

---

[41] LACAN, J. (1958) A direção do tratamento e os princípios de seu poder. In: LACAN, J. *Escritos*. Rio de Janeiro: Jorge Zahar Editor, 1998, p.642.

[42] SÓFOCLES. *Antígona*. Tradução de Donaldo Schüller. Porto Alegre: L7PM, 2001, p.1337-1338.

4. Para Lacan, a interpretação forçada caracteriza as primeiras abordagens de Freud na análise da histeria. Especialmente nos casos de Elizabeth e Dora, é notório que ele propõe insistentemente um objeto de amor em sua interpretação do desejo: o cunhado e o Sr. K., respectivamente.

Consideremos o primeiro caso. Depois da interpretação em questão, na mesma sessão, ocorre um espetacular agravamento do sintoma. Freud, contudo, insiste, por um longo tempo, que a paciente admita sua inclinação em relação ao cunhado e a suposta resistência moral que isso lhe causava.

A piora é tão grande que deve seguir "mais de um caminho" para procurar alívio, ocupando-se, inclusive, "como um amigo" das situações do presente. Freud chega a perguntar à mãe da paciente "quais as perspectivas de que o desejo da moça se tornasse realidade". Analista e paciente, diz Freud, "ambos tínhamos a sensação de haver terminado". Depois disso, Elizabeth não quis saber de mais nada com Freud.

Lacan supõe que não era no cunhado que Elizabeth, em seu desejo, estava interessada, mesmo quando, eventualmente, ele pudesse ser, para ela, objeto de amor. Era a conduta dele em relação às "mulheres sensíveis" o que a atraía.

Freud, por sua vez, somente a partir de *Psicologia das massas* dá sinais claros de ter compreendido a indiferença do objeto do desejo na histeria. O terceiro modo de identificação, que descreve no capítulo VII e que desempenha um papel eminente na fixação do desejo na histeria, consiste em uma identificação "sobre a base do poder ou querer se colocar na mesma situação" do que as outras. Não interessa qual seja o *partenaire* secreto que enviou a carta.

Dora também não se interessava por alguém em particular. Mas, na situação fantasiada entre o pai e a Sra. K., o Sr. K. ocupava para ela mais o lugar de depositário da demanda de amor do que de um objeto adequado ao casamento ou ao desejo. O desejo, na neurose, sustenta-se da fantasia. Os objetos se relacionam com ele na medida em que participam dela.

Propor, na interpretação do desejo, um objeto que tem um nome unívoco — o que é equivalente a dizer propor um termo do código para o desejo — implica forçar o desejo a se acomodar à demanda de que esse objeto seja aceito e reduz, de modo ineludível, a interpretação analítica à sugestão.

A resposta que o sujeito espera do analista à sua interrogação pelo desejo não é a da dosificação, jamais.

Psicoterapia profunda: a codificação pulsional do desejo

Cada vez que o analista interpreta o desejo nos termos da demanda, tende a excluí-lo. Isso se verifica porque o desejo resiste. Há mais de uma maneira de operar essa redução do desejo além da que já consideramos, a pura e simples sugestão.

O que faz o analista, por exemplo, quando tem a sensação de compreender o paciente? Compartilha seu fantasma. Essa poderia ser uma resposta. Mas primitivamente, em termos de desejo e de demanda, pode-se dizer que, na medida em que o analista crê responder à demanda, tem a sensação de compreender seu paciente. E se responde à sua demanda, o efeito é o mesmo que o da sugestão: tende a excluir o desejo e, por isso, extraviar a direção da cura.

A interpretação prematura, aquela em que se compreende muito rápido, tende a deixar de fora esse incompreensível por natureza que é o desejo. Isso também vale para a interpretação extensa e explicativa: as exibições de inteligência, ao estilo da "interpretação integral", encontradas com tanta frequência nos relatos clínicos dos pós-freudianos, vão quase sempre no sentido de abonar o imaginário, de engordar o fantasma.

Mais sutil que o da sugestão ao estilo *ego psychology*, há outro modo de apoiar a interpretação na demanda.

Nele, tende a cair o kleinianismo, talvez mais do que a própria Melanie Klein, que sustentava frequentemente sua interpretação sobre o equívoco como, por exemplo, na síntese do caso Richard, suas interpretações *germgerman*, *sunson*[43].

A demanda não é inteiramente explícita. Apresenta-se como implícita, oculta, para o próprio sujeito como demanda de presença ou de ausência, demanda de amor, demanda de reconhecimento do ser etc. Essa demanda inconsciente apresenta-se ao analista, então, como devendo ser interpreta-

---

[43] KLEIN, M. (1945) O complexo de Édipo à luz das ansiedades arcaicas, mas sim no texto: KLEIN, M. A escola no desenvolvimento libidinal (1923). In: KLEIN, M. *Amor, culpa e reparação e outros trabalhos* (1921-1945). Rio de Janeiro: Imago Ed., 1996. "Elogiava a letra 'a', que parecia muito séria e digna, e a deixava impressionada; as associações levaram a uma nítida imago do pai, cujo nome começava com 'a'. Então se lembrou, porém, que o 'a' talvez fosse sério e digno demais e que deveria ter pelo menos alguma coisa do saltitante 'i'." (p.88).

da. Eis aqui a armadilha! Quando o analista interpreta, satisfaz essa demanda inconsciente. A satisfação da demanda vai sempre contra o desejo[44].

Isso pode acontecer quando a interpretação baseia-se em um dos termos do código inconsciente que, como veremos, pode ser entendido como um código pulsional ($◊D). Lacan destaca que isso produz sempre certa resistência[45]. Sustentando inteiramente a interpretação no registro do reconhecimento dos suportes significantes ocultos de sua demanda, o analista produz o colapso, o apagamento da função do sujeito enquanto desejo[46]. O sujeito e o desejo devem ser situados, pela interpretação, fora da demanda, inclusive fora do uso inconsciente da demanda.

Por que Lacan situa a pulsão, em seu Grafo, no andar superior da demanda, e não no inferior, que é o primeiro lugar de encontro da necessidade com o simbólico? Porque as necessidades, na experiência analítica, apenas interessam na medida em que metaforizam uma demanda sexual, uma demanda que pede a presença do Outro como presença metafórica do

---

[44] LACAN, J. (1957-1958) *O seminário, livro 5: as formações do inconsciente*. Versão brasileira de Vera Ribeiro e Marcus André Vieira. Rio de Janeiro: Jorge Zahar Editor, 1999, p.417- -434 e p.451-467 (aulas de 21/05/1958 e 11/06/1958).

[45] LACAN, J. (1960-1961) *O seminário, livro 8: a transferência*. Versão brasileira de Dulce Duque. Rio de Janeiro: Jorge Zahar Editor, 1992 (aula de 15/01/1961).

[46] LACAN, J. (1958-1959) *O seminário, livro 6: o desejo e sua interpretação*. Versão brasileira de Angelina Harari e Marcus Andre Vieira. Rio de Janeiro: Zahar, 2016, p.128-147 (aula de 7/01/1959).

polo que falta para a satisfação do sexual[47]. Entende-se, assim, que exista outro código, distinto ao das necessidades, um código oculto e metafórico em que o significante entesoura os termos que fazem borda ao gozo sexual[48].

O que é, em termos pulsionais, interpretar? É o que fazem quase sempre os kleinianos, para os quais, a cada demanda explícita do paciente, o analista pode responder com sua tradução em termos pulsionais.

Tomemos um exemplo em que isso é levado a um extremo tão rigoroso quanto ridículo. Em sua *Introdução à obra de Melanie Klein*[49], Hanna Segal relata o caso de um paciente caracterizado pela intensidade da relação terapêutica negativa com que responde às "melhorias" no tratamento. Ela acha que representa um pai poderoso e potente (A sem barra) para seu paciente que, logicamente, em certos momentos do tratamento, responde atacando a analista.

Vejamos o texto de um sonho de seus primeiros anos de análise, relatado por Hanna Segal: "Punha no porta-malas de seu pequeno carro ferramentas que pertenciam a meu carro (maior do que o dele); quando, porém, chegou a seu destino e abriu o porta-malas, todas as ferramentas estavam

---

[47] LACAN, J. (1968-1969) *O seminário, livro 16: de um Outro ao outro*. Versão brasileira de Angelina Harari e Jésus Santiago. Rio de Janeiro: Jorge Zahar Editor, 2008, p.239-253 (aula de 26/03/1969).

[48] LACAN, J. (1958-1959) *O seminário, livro 6: o desejo e sua interpretação*. Versão brasileira de Angelina Harari e Andre Vieira. Rio de Janeiro: Zahar, 2016, p.128-147 (aula de 27/05/1959).

[49] SEGAL, H. *Introdução à obra de Melanie Klein*. Rio de Janeiro, Imago Ed., 1975.

despedaçadas[50]." A interpretação revela a linguagem pulsional deste modo: "Esse sonho simboliza seu tipo de homossexualidade; queria tomar o pênis paterno em seu ânus e roubá-lo, mas, nesse processo, seu ódio do pênis, mesmo quando introjetado, era tal que ele o despedaçaria e seria incapaz de fazer uso dele[51]."

Hanna Segal interpreta o texto do sonho como uma sequência significante que simboliza o que, em um código oculto, mantém esse Outro completo, detentor de todas as respostas. A mensagem em que consiste a interpretação para o analisante não é então S($\bar{A}$), e sim a mensagem do Outro sem barrar s(A), que deve ser integralmente deglutido — cf. o Grafo. No lugar do código inconsciente, esse programa de satisfação silente em que consiste a pulsão ($\$ \lozenge D$) se reduz aos termos que o analista possui e expressa integralmente: A.

Qual é o efeito estrutural disso? Observemos no Grafo que, se a mensagem inconsciente S($\bar{A}$) coincide com a mensagem pré-consciente s(A) — caso se torne consciente todo o inconsciente do sonho —, e se a pulsão é reduzida ao código que o A possui — se o analista realiza o sujeito suposto saber em termos exclusivamente significantes —, o efeito é o desaparecimento do espaço do desejo!

Para Hanna Segal, a interpretação revela o que o discurso do sujeito metaforiza — simboliza, diz ela. A interpretação assim concebida, metafórica porque vai do significante ao significante, e pulsional porque concerne aos significantes do

---

[50] *Ibid.*, p.54.
[51] *Ibid.*, loc. cit.

gozo, funda-se em equivalências: porta-malas/ânus; carro/pai; ferramentas/pênis. Cada termo é redutível ao equivalente. Essa equivalência biunívoca existe sempre, pois tudo é interpretável desse modo a partir do metadiscurso do analista kleiniano, onisciente, que não questiona o sujeito suposto saber. Hanna Segal desconhece, ao mesmo tempo, qual é a função do falo na cura analítica — esse ponto de identificação do sujeito àquilo que o Outro não tem e que só pode ser interpretado analiticamente como castração. O que o sujeito faz com o falo-ferramenta do Outro é atacá-lo, destruí-lo segundo seu desejo que resiste à codificação — o falo como significante se caracteriza precisamente por não figurar no código do Outro; é um significante de que o Outro não dispõe[52].

Qual é o efeito desse tipo de interpretação metafórica no paciente? Hanna Segal conta que, do mesmo modo que fazia com o pênis do pai, "as interpretações que sentia como completas e úteis eram imediatamente despedaçadas e desintegradas; assim, era, em especial depois de boas sessões que lhe traziam alívio, que ele começava a se sentir confuso e perseguido, já que as interpretações fragmentadas, deformadas e lembradas pela metade o confundiam e atavacam internamente"[53].

---

[52] LACAN, J. (1968-1969) *O seminário, livro 16: de um Outro ao outro.* Versão brasileira de Angelina Harari e Jésus Santiago. Rio de Janeiro: Jorge Zahar Editor, 2008, p.299-315 (aula de 14/05/1969). Lacan explica nessa aula que o falo representa o gozo enquanto absoluto, que não se inscreve, então, no Outro, furando-o.
[53] SEGAL, H. *Introdução à obra de Melanie Klein.* Rio de Janeiro, Imago Ed., 1975, p.54.

A RESISTÊNCIA COMO MÁSCARA DO DESEJO

O sujeito ataca as interpretações "completas e úteis" das "boas sessões" porque somente recortando-as e fragmentando-as pode encontrar o intervalo, o ar do desejo que necessita para sobreviver como desejante. Atacar o Outro, dividi-lo, mostrar sua impotência. Como ele não revela sua impossibilidade, esse ataque é uma "necessidade" para a sobrevivência do desejo. Se não há inconsciente, se a demanda não se divide, o desejo não tem lugar para o neurótico.

Isso se verifica também no que, em seguida, Hanna Segal expõe: o sujeito ataca "invejosamente" o coito dos pais. Há alguma imagem mais prototípica do Outro indiviso e completo do que a figura dos pais combinados gozando? Que outra coisa pode fazer o sujeito, a não ser atacá-lo com a inveja do desejo, um desejo que o analista kleiniano tenta não educar, mas sim, codificar à força?

Essa direção da análise não merece a qualificação cômica de psicoterapia profunda na medida em que, operando sobre o inconsciente, vai, contudo, contra o desejo? O kleinianismo não apaga, desse modo, a revelação do objeto mal, o objeto ao qual ninguém ousaria demandar, o objeto resistente à demanda que encarna o analista desde o começo da análise, segundo Melanie Klein, ao tomar sobre si a transferência negativa?

Assim, creio eu, em função do que já expus e também pela marca, às vezes indelével, que o evidencia tanto na elaboração teórica de Melanie Klein quanto nos efeitos das análises kleinianas: a onipresença da culpabilidade nas análises e a culpabilidade residual nos analisados. Como veremos, a culpabilidade é a tradução subjetiva da renúncia ao desejo.

A SOLUÇÃO LACANIANA

Freud, desde o começo, avançou em outra direção, na medida em que separou a teoria da interpretação das formações do inconsciente (*Traumdeutung, Psicopatologia da vida cotidiana, O chiste e sua relação com o inconsciente*) da teoria das pulsões (*Três ensaios, Mais além do princípio do prazer*). Lacan, por sua vez, desde o começo de seu ensino, criticando a "mitologia da maturação instintiva", assinalava a necessidade de um desintrincamento entre a técnica de decifração do inconsciente e a teoria das pulsões[54].

Somente depois desse desintrincamento é possível situar, na experiência, o que o desejo tem a ver com a pulsão[55]. Dito de outro modo, somente depois desse desintrincamento pode-se situar o ponto em que o que se diz bem — conforme o desejo — não se demanda (em um dizer que não é demanda) e em que o que se demanda não se diz mais ($\lozenge$D).

Esse ponto não se atinge por interpretações que apontem os significantes da "regressão" a um estádio pulsional, qualquer que seja. Insistir nessa via cria resistências, mas resistências criadas pelo analista. Esse ponto é mais bem alcançado pela interpretação que joga com o equívoco, que tem a virtude de aludir ao objeto, recortando-o do fantasma como causa do desejo. Separa o significante do objeto, que não é significante.

---

[54] LACAN, J. (1953) Função e campo da fala e da linguagem em psicanálise. In: LACAN, J. *Escritos*. Rio de Janeiro: Jorge Zahar Editor, 1998, p.238-324.

[55] LACAN, J. (1964) Do "Trieb" de Freud e do desejo do psicanalista. In: LACAN, J. *Escritos*. Rio de Janeiro: Jorge Zahar Editor, 1998, p.865-868.

A RESISTÊNCIA COMO MÁSCARA DO DESEJO

É inevitável, na análise, a revelação de alguns termos do vocabulário do gozo, mas esses termos não são bem situados pela teoria kleiniana ou qualquer outra, senão pela repetição no texto da associação do analisante. Esses significantes que inexoravelmente se repetem, que limitam a liberdade de associação, o analista pode revelá-los. Também pode fazê-los equivocar na interpretação (fazer de um S_1 um S_2), mas não insistirá sobre eles em seu dizer sem que o analisante comece a apresentar resistência à sugestão.

É inevitável em análise, talvez, a interpretação que brinca com a metáfora. Ela produz, às vezes, um efeito de simplificação do sintoma, mas não recorta dali o desejo. A metáfora dá consistência ao sintoma porque o interpreta segundo o padrão do registro anal: troca um significante por outro, como trocou o cocô pelo presente ou pela criança ou pelo falo.

Por mais insensata que pareça, a interpretação metafórica se estrutura pela correspondência biunívoca de dois significantes. Produz, assim, um sentido unívoco que diz toda a verdade sobre o latente — não o diz pela metade — a partir de uma metalinguagem hierarquicamente superior que detém o analista.

À função escatológica da metáfora, Lacan opõe a interpretação que equivoca, que invoca mais de um significante, que "não se entende", que atualiza o "o que quer de mim?" do encontro do analisante com o analista. Essa interpretação não diz toda a verdade, a diz pela metade, despertando, com seu sentido equívoco, a inquietude estrutural do enigma. Essa interpretação não produz nenhuma equivalência nem hierarquia de significantes ou de significados, mas, pela opacidade bifrontal do significante enunciado, indica nele, *à côté* da enunciação, a presença da causa do desejo, recortando-a, assim, nitidamente da demanda.

Dessa forma, o que acrescenta o analista quando interpreta analiticamente o sonho que já é, em si, interpretação selvagem do desejo? Não se trata aqui de "o que quer dizer isso?". Se se tratasse disso, a interpretação de Hanna Segal poderia ser considerada correta, segundo o vocabulário kleiniano da pulsão. O que acrescenta o analista com sua interpretação é "o que é que, ao dizer isto, isso quer?".

Freud já sabia que isso que quer é falha no enunciado, umbigo estrutural, elipse insuperável[56]. Se o ser falante se incomoda em dizer — assim como o faz em uma análise! — é porque a enunciação daquilo que diz é a hiância articulada entre significantes que é sua essência mesma, o desejo inconsciente.

Por isso, a cada vez que se produz, a interpretação analítica assinala o limite da interpretação. Mais além desse limite, no núcleo freudiano do que não se pode interpretar, o desejo constitui a morada onde a existência do sujeito torna-se compatível com a vida.

Resistências do isso

Lacan exagerava ao afirmar que, na análise, as resistências são do analista? E as resistências do isso?

---

[56] LACAN, J. (1968-1969) *O seminário, livro 16: de um Outro ao outro*. Versão brasileira de Angelina Harari e Jésus Santiago. Rio de Janeiro: Jorge Zahar Editor, 2008, p. 299-315 (aula de 26/11/1969).

A RESISTÊNCIA COMO MÁSCARA DO DESEJO

Vamos considerar essas resistências. São, para Freud, o que torna necessária a elaboração (*Durcharbeitung*). Derivam da compulsão à repetição, que é a atração sobre o processo pulsional reprimido dos arquétipos inconscientes[57]. As resistências do isso, dessa forma, estão dadas não pela pulsão, mas pela atração que esses arquétipos exercem sobre elas.

O que são esses arquétipos para Lacan? A fantasia. Para o neurótico, em efeito, a pulsão se confunde com a fantasia. Isso foi o que permitiu a S. Isaacs definir a fantasia como a "expressão mental" do instinto[58]. É o resultado do fato estrutural de que, para o neurótico, a demanda ganha função de objeto em sua fantasia, reduzindo, então, sua fórmula à da pulsão ($\$ \lozenge D$)[59].

A ação da análise consiste em diferenciar aquilo que a neurose de transferência confunde: o objeto *a* e a demanda. Reconhecida a estrutura da fantasia como tal, o objeto *a* pode sustentar a função de causa de desejo fora do fantasma. A demanda, por sua vez, pode ser levada pelo desejo à pulsão, o único lugar em se que silencia. A pulsão, uma vez desembaraçada da fantasia, revela-se como aquilo que, na estrutura, não pede, e sim, atua e se satisfaz.

---

[57] FREUD, S. (1926) Inibições, sintomas e ansiedade. In: *Edição Standard Brasileira das Obras Psicológicas Completas de Sigmund Freud*. Tradução sob a direção de Jayme Salomão. Rio de Janeiro: Imago, 2006, vol. XX p.79-171.

[58] ISAACS, S. A natureza e a função da fantasia. In: RIVIERE, J. (org.) *Os progressos da psicanálise*. Rio de Janeiro: Zahar Editores, 1982. p.79-135. Notas 135

[59] LACAN, J. (1960) Subversão do sujeito e dialética do desejo no inconsciente freudiano. In: LACAN, J. Escritos. Rio de Janeiro: Jorge Zahar Editor, 1998, p.807-842.

Essa confusão da pulsão com a fantasia dá ao neurótico esse estilo de inibição do desejo e de postergação do ato que o caracteriza. Porém, desembaraçar a pulsão dos arquétipos inconscientes implica perda. Extrair o desejo da inibição fantasmática e realizá-lo no circuito da pulsão, que pega diretamente, ao invés de pedir ao Outro, implica perda de gozo. É um gozo sem Outro, um gozo dessexualizado, um gozo sublimado. E como cada perda, requer luto. Essa é a essência da *Durcharbeitung* freudiana.

Não há resistência do isso na análise. Há ostentação associativa da tensão afetiva, nos termos de Ferenczi[60]. Há luto pela perda de atração dos arquétipos infantis. Logo o luto termina: é o que justifica eticamente que uma análise comece[61].

Para que, em efeito, chamar esse trabalho de luto de "resistência", quando o analisante está disposto a fazê-lo? Independentemente de suas queixas, que não silencia, vai à análise. E vai para terminá-la, depois de um percurso que não pode ser nem evitado nem apressado. Também é válido aqui dizer com Freud que, submetendo-se a isso, o analista economizará a ilusão de ter fracassado.

Resistências do supereu

Freud considera que as resistências do supereu costumam ser o obstáculo mais poderoso à cura. A toda solução parcial,

---

[60] FERENCZI, S. (1912) Sugestão e Psicanálise. In: FERENCZI, S. *Obras completas – Psicanálise I*. São Paulo: Martins Fontes, 1991. p.221-230.
[61] LACAN, J. (1973) O aturdito. In: LACAN, J. *Outros Escritos*. Rio de Janeiro: Jorge Zahar Editor, 2003, p.448-497.

A RESISTÊNCIA COMO MÁSCARA DO DESEJO

a toda sugestão no sentido de reconhecer uma melhora durante a análise, responde, em tais casos, uma reação terapêutica negativa[62].

Freud fala de um sentimento inconsciente de culpa e, logo, de uma necessidade de castigo, que derivam, como o supereu, do complexo de Édipo. Situa o fundo do problema no desejo fantasiado de ser batido pelo pai e de ter uma vinculação sexual passiva com ele[63]. Lutar de maneira direta contra esse obstáculo não serve de nada. O doente, escreve Freud, não se sente culpado, e sim, enfermo na medida em que sua culpabilidade é inconsciente. Essa culpa se "expressa apenas como uma resistência à cura que é extremamente difícil de superar"[64].

Em Freud encontramos a indicação de que as "resistências" em questão são uma manifestação de outra coisa que a análise há de revelar. Entretanto, devido à importância do masoquismo moral na neurose — e eu não diria que somente em alguns casos — e à dificuldade que costuma causar

---

[62] FREUD, S. (1923) O Ego e o Id. In: *Edição Standard Brasileira das Obras Psicológicas Completas de Sigmund Freud*. Tradução sob a direção de Jayme Salomão. Rio de Janeiro: Imago, 2006, vol. XIX p.14-77.

[63] FREUD, S. (1923) O problema econômico do masoquismo. In: *Edição Standard Brasileira das Obras Psicológicas Completas de Sigmund Freud*. Tradução sob a direção de Jayme Salomão. Rio de Janeiro: Imago, 2006, vol. XIX p.174-188.

[64] FREUD, S. (1923) O Ego e o Id. In: *Edição Standard Brasileira das Obras Psicológicas Completas de Sigmund Freud*. Tradução sob a direção de Jayme Salomão. Rio de Janeiro: Imago, 2006, vol. XIX p.14-77.

ao manejo da transferência, é interessante lembrar alguns desenvolvimentos lacanianos sobre o tema e extrair disso algumas conclusões.

Tanto Freud quanto Lacan situam o problema do supereu na dimensão da moralidade. Freud escreve *O mal-estar na civilização* para explicar os paradoxos da moral do neurótico que, quanto mais "virtuoso" é, mais padece da severidade e desconfiança do supereu. Essa instância psíquica não é a lei, senão a manifestação, sob a forma de um imperativo categórico, da autoridade degradada do pai.

Esse é o ponto de partida de Lacan para todos os seus desenvolvimentos sobre o supereu. "Não é porque a moral do neurótico é uma moral insensata, destrutiva, puramente oprimente, quase sempre ilegal, que foi preciso elaborar, em psicanálise, a função do supereu?"[65], pergunta em seu primeiro Seminário.

Essa função é a consequência daqueles pontos em que, o sujeito sabendo ou não, a lei foi compreendida e, então, se "incorpora", se atua sintomaticamente. Um sujeito de origem muçulmana padece da paralisia dos escritores: a análise mostra que ele não conseguiu compreender a lei corânica porque seu pai era um ladrão e deveria ter tido a mão cortada[66]. Os sintomas dependem das falhas da identificação edípica.

---

[65] LACAN, J. (1953-1954) *O seminário, livro 1: os escritos técnicos de Freud*. Rio de Janeiro: Jorge Zahar, 1979, p.123.

[66] LACAN, J. (1954-1955) *O seminário, livro 2: o eu na teoria de Freud e na técnica da psicanálise*. Versão brasileira de Marie Christine Laznik Penot. Rio de Janeiro: Jorge Zahar Editor, 1985, p.159-17 (aula de 16/02/1955).

A RESISTÊNCIA COMO MÁSCARA DO DESEJO

Em que consiste o essencial da identificação edípica? É a identificação ao ideal do eu aos emblemas do pai? Não é o decisivo. Lacan retificará sua posição a respeito no Seminário 5. É a identificação ao Nome do Pai? Sim, mas na medida em que esse pai não opera somente como metáfora. Já no Seminário 6, Lacan mostrou que a metáfora paterna pode ser a máscara de uma metonímia da castração, essencial na estruturação inconsciente da neurose. Não pode haver jamais senão um falo em jogo. E o neurótico renuncia ter o falo para ser o falo, o falo do Outro.

O Nome do Pai deixa rapidamente de ser, para Lacan, a única chave da relação do sujeito com o pai. "As coisas tomadas a esse nível são *hopeless*, agora que temos uma via mais segura para traçar com relação ao efeito de sujeito, e que tem a ver com a lógica", que, preso na demanda, instaura o desejo, diz em sua impressionante aula do dia 20 de março de 1968.

Se Lacan passa das referências religiosas às referências lógicas, é para deduzir justamente como o pai pode ser, para o sujeito, um ponto de identificação a algo que não é simbólico e tampouco imaginário, mas real. O modo de existência do pai depende do real. "É o único caso em que o real é mais forte que o verdadeiro"[67]. Quer dizer que somente em referência ao pai o sujeito tem chances de não se enganar com a verdade, que fala e mente.

Para dizê-lo intuitivamente, o pai é um "modelo" de castração para o sujeito. O essencial que pode transmitir um pai a um filho é a aptidão para afrontar a castração; para não desco-

---

[67] *Conferência sobre o sintoma*.

nhecer o impossível; para sair da fantasia em que, como todo desejo é possível, nenhum é realizável; para atravessar a zona de angústia que o separa do ato em que o realiza.

Mas o pai do neurótico é precisamente o que não transmite bem a castração, nos pontos em que ele mesmo renunciou ao seu desejo. A única coisa de que se pode ser culpado, diz Lacan, é de haver cedido no desejo[68]. O desejo do pai se herda, ou a castração, ou seu pecado — chamado "original". Shakespeare fez o fantasma do pai de Hamlet dizer isso nos seguintes termos:

> Foi assim que, durante o meu sono, pela mão de um irmão, perdi ao mesmo tempo a vida, a coroa, a rainha; ceifado em plena floração de meus pecados, impiamente, sem confissão, sem extrema-unção, sem preparação, minhas contas por fazer e enviado a juízo com todas as minhas imperfeições na minha cabeça. Oh! Horrível! Oh! Horrível! Horripilante! Se não és desnaturado, não toleres semelhante coisa! Não permitas que o leito real da Dinamarca seja um tálamo de luxúria e maldito incesto![69]

Mas o que pode fazer o filho com os pecados do pai? O que pode fazer o neurótico quando, assim como Hamlet, já

---

[68] LACAN, J. (1959-1960) *O seminário, livro 7: a ética da psicanálise*. Versão brasileira de Antônio Quinet. Rio de Janeiro: Jorge Zahar Editor, 1988, p.373-390 (aula de 06/07/1970).

[69] SHAKESPEARE, W. (1602) Hamlet, príncipe da Dinamarca. In: *Romeu e Julieta; Macbeth; Hamlet, príncipe da Dinamarca; Otelo, o Mouro de Veneza*. São Paulo: Abril Cultural, 1981, p.222.

não tem o brio de seu desejo, esmagado justamente pelas culpas do pai? Pode fazer análise. As culpas emprestadas, mesmo inconscientes, são resolvíveis. Freud o expressou dizendo que é possível exercer influência analítica sobre o sentimento inconsciente de culpa quando esse é emprestado, ou seja, resultado da identificação com outra pessoa que outrora fora objeto de investimento erótico[70].

O fundamento último do supereu é o ódio a esse pai que fez tão mal as coisas, que não soube deixar de lado os ideais irrealizáveis, que transmitiu ao filho o pecado de seus gozos miseráveis, de fantasia, que não foi tão longe como poderia com seu desejo e que é o inverso estrutural de todas as reprovações que recaem sobre o neurótico.

Kafka, que sabia de todas as reprovações e da culpa, em sua *Carta ao pai*[71], escreve-lhe:

> Mas, para mim, quando criança, tudo o que bradavas era logo mandamento divino, eu jamais o esquecia, e isso ficava sendo para mim o recurso mais importante para poder julgar o mundo, sobretudo para julgar-te a ti mesmo; e nisso teu fracasso foi completo. [...] Por favor, pai, me entenda bem, esses pormenores teriam sido totalmente insignificantes em si, eles só me oprimiram porque o homem que de maneira tão

---

[70] FREUD, S. (1923) O Ego e o Id. In: *Edição Standard Brasileira das Obras Psicológicas Completas de Sigmund Freud*. Tradução sob a direção de Jayme Salomão. Rio de Janeiro: Imago, 2006, vol. XIX p.14-77.

[71] KAFKA, F. *Carta ao pai*. Porto Alegre: L&PM, 2013.

grandiosa era a medida de todas as coisas não atendia ele mesmo aos mandamentos que me impunha.[72]

Sabemos, por suas obras, até que ponto Kafka introjetou a lei absurda da pedagogia paterna, até que ponto se submeteu, em aparência, ao gozo da opressão e da dependência. Entretanto, seu desejo — como resistência a esse pai que esperava de seu filho muita outra coisa, como ironia, mas também como confissão, como esquecimento e como sublimação — se expressou no ato de escrever que sustentou até terminar sua heroica vida. Desfez-se de seu pai da maneira que anunciava em sua Carta: "No fundo és, pois, um homem bom e brando [...], mas nem toda criança tem a resistência e o destemor de procurar tanto quanto for necessário para encontrar a bondade[73]."

Na análise, o masoquismo moral também expressa, já no ato de estar "piorando" a cada sessão e na enunciação da queixa, a causa do desejo que a intervenção do analista deve tomar como referência. Poderá manifestar-se na análise a covardia moral que subjaz o sintoma, sim, poderá o sujeito interpretar que é mais cômodo sofrer a proibição do que afrontar a castração, poderá revelar-se, inclusive, o gozo masoquista que subjaz tudo isso.

Mas no erotismo implícito e na transferência em si, o decisivo, o que orienta a análise, não é o gozo, senão o corte ou o equívoco que recorta a causa do desejo. A partir daí, o desejo

---
[72] *Ibid.*, p.32-33.
[73] *Ibid.*, p.24.

A RESISTÊNCIA COMO MÁSCARA DO DESEJO

do neurótico somente se enuncia na interpretação que, uma vez mais, resiste à educação, à demanda do Outro.

É isso, sobretudo, o que as "resistências do supereu" oferecem de novo à interpretação. Pode-se aludir, a partir da causa inalienável do desejo no nível da voz, ao desejo que resiste ao desejo do Outro que tomou forma de mandamento, que resiste àquilo que, para o sujeito, não pode ser senão capricho aberrante, legalidade ridícula, alienação do desejo em ideais vociferados diversamente mortificantes.

Observemos como Kafka situa — entre sutis, mas implacáveis parênteses — uma indicação à causa de seu desejo, completamente inalienável — seu pai jamais teria pensado em roubá-la:

> Esse sentimento de nulidade que me domina com frequência (um sentimento que, aliás, visto por outro ângulo, pode bem ser nobre e produtivo) surgiu em boa parte por causa da sua influência. Eu teria precisado de um pouco de estímulo, de um pouco de amabilidade, de um pouco de abertura em meu caminho, mas, em vez disso, tu o obstruíste, por certo com a boa intenção de me fazer percorrer um outro caminho.[74]

Dessa nulidade que o pai induziu sobre ele com suas ordens brutais e frequentes, Kafka soube fazer a causa nobre e frutífera que, sob outro ponto de vista, milhões de leitores puderam desfrutar, encantados. A partir dessa nulidade, pôde

---

[74] *Ibid., loc. cit.*

escrever a hipérbole pela qual denunciava e se separava do sistema que a produziu e de seu demiurgo obsoleto.

Nosso neurótico, geralmente menos decidido, não costuma ir tão longe com seu desejo. Por isso, acredita que precisa da ajuda do analista, a quem constitui como o depositário fictício da voz como causa do desejo, cedendo-a a ele. Reedita, assim, na análise sua fantasia masoquista, de acordo com a qual o desejo é desejo do Outro. Quando chega à sessão, encontra-se com uma voz latente, silenciosa, mas à qual cedeu o poder de se articular em um mandamento insensato e contrário a seu desejo.

É decisivo, então, que o analista se posicione em referência àquilo que, no desejo, não é redutível ao desejo do Outro, mas que resiste a ele. Assim como o pai de Kafka produziu essa nulidade a partir de onde seu filho podia invocar, o analista se consagra a perder esse objeto no qual o sujeito encontra a causa autêntica de seu desejo, fora do Outro.

Por isso, não podemos achar estranho que o analisante piore se crê adivinhar nosso desejo de curar, de dirigir, de realizar nossos bons propósitos, inclusive de terminar a análise. Seu caminho é o de um desejo neurótico, é verdade, com rodeios labirínticos, mas somente ele pode indicar qual é o rumo. As resistências e o sintoma da neurose expressam uma determinação subjetiva que está dada pelo desejo de... sustentar o desejo.

Lacan, uma das vezes em que debocha da fórmula hegeliana que tanto utilizou, *le désir c'est le désir de l'Autre*, conta que, quando o diz, lhe vem à memória algo com que sonha,

I A RESISTÊNCIA COMO MÁSCARA DO DESEJO

em Paul Eluard, como *le dur désir de durer*: o desejo não é o desejo do Outro, e sim, o desejo de desejar. Desejo que o neurótico realiza, a não ser na alienação superegoica de seu desejo e sem adverti-lo, consagrando-se, assim, ao exercício da culpabilidade[75].

Apenas quem, como Édipo, tem a experiência de seu desejo mais além dos limites impostos pelo acordo com o Outro, depois do ato em que consiste esse franqueamento, apenas ele o adverte[76].

Talvez por essas razões, Lacan praticamente deixa de falar do desejo do analista — que havia reduzido a uma cuidadosa x angustiante[4877] — para substituir sua função na análise pela função do analista como semblante de objeto. Que, na análise, se instaure durante um tempo a ficção masoquista de que o desejo é o desejo do analista, costuma confundir... o analista, que pode se ver levado, por razões lógicas, a dar às resistências do supereu uma consistência ôntica logicamente desnecessária e eticamente indesejável.

---

[75] LACAN, J. (1959-1960) *O seminário, livro 7: a ética da psicanálise*. Versão brasileira de Antônio Quinet. Rio de Janeiro: Jorge Zahar Editor, 1988.

[76] *Ibid.*

[77] LACAN, J. (1967) Proposição de 9 de outubro de 1967 sobre o psicanalista da Escola. In: LACAN, J. *Outros Escritos*. Rio de Janeiro: Jorge Zahar Editor, 2003, p.248-264.

4.

O ininterpretável

Partindo do objeto *a*, seria possível escrever o que antecede em termos mais rigorosos, mas com um hermetismo que, por enquanto, prudentemente somente se tolera em Lacan. Eu me limitarei, para concluir, a anotar algumas referências clínicas em torno dele, já que a análise deixa saber que esse objeto é a causa da resistência em cada uma das formas que consideramos, conforme o disfarce com que se vista. Para a encenação, não lhe faltam recursos.

O objeto *a* é o que, para o sujeito da linguagem, vem no lugar daquilo que não é significante. Partindo do significante, como no caso da interpretação analítica, pode-se separá-lo pelo intervalo, à margem do significante que não o significa, mas que dele se recorta. Por sua natureza significante e impredicável, ocupa "naturalmente" a hiância no significante em que consiste, se considerada seriamente, toda causa.

Isso lhe confere a curiosa aptidão de funcionar como *Ersatz* da causa, como causa substituta, sem perder por isso autenticidade como causa, já que, sem ele, não haveria causa. Assim, substitui a hiância que produz o impasse da relação sexual, a castração. Ela não causa nem o desejo nem a angústia necessariamente *per se*.

A RESISTÊNCIA COMO MÁSCARA DO DESEJO

Lacan mostrou que a castração é um dado estrutural que, na análise, se torna independente da angústia, desde que o neurótico deixe de se identificar com o falo[78]. Isso lhe permitiu assinalar, heideggerianamente, a existência de uma angústia legítima — porém, mais além da análise[79] — que orienta o sujeito em relação a seu desejo, resgatando-o das ilusões fálicas do fantasma. Há um "bom uso" da angústia no neurótico.

A experiência da análise pode conduzir o sujeito a esse mais além. Deverá atravessar, ao chegar, a vivência da queda do Outro — que acreditava ser seu *partenaire* na análise — no furo desse objeto. Advertirá, então, que, na análise, não fez outra coisa a não ser conversar com a causa de seu desejo, que lhe enviava sua própria mensagem sob a forma invertida da interpretação. Advertirá que esse objeto não faltava — não era, consequentemente, representável; estava, sim, perdido. Estava perdido, mas estava; *in praesentia* no momento. Advertirá nele, então, o gênero de presença que preenchia os intervalos diversamente angustiantes da cadeia de suas associações.

Durante a análise, o analista encarna a causa substituta do desejo. Isso se faz sensível no momento da resistência, quando a palavra bascula em direção à presença do ouvinte, como um a mais que se oferece à interpretação. Todavia, essa presença do analista não se interpreta, a não ser por alusão. Designá-la

---

[78] LACAN, J. (1962-1963) *O seminário, livro 10: a angústia*. Versão brasileira de Angelina Harari. Rio de Janeiro: Jorge Zahar Editor, 2005.

[79] LACAN, J. (1967) Proposição de 9 de outubro de 1967 sobre o psicanalista da Escola. In: LACAN, J. *Outros Escritos*. Rio de Janeiro: Jorge Zahar Editor, 2003, p.248-264.

com um significante, qualquer que seja, é excluí-la, é propiciar o *acting out*, que é um chamado à presença do analista.

Destinada a permanecer em uma latência inadvertida até o fim da análise, quando é apagada, essa presença constitui o ininterpretável, a resistência última que o analista toma a seu encargo. É ele quem resiste. É ele também o motor da análise, depois da *Wendung* interpretativa, por um corte que não designa a presença, mas a separa do significante, portador de ideais e de gozos que não sabe perdidos. Que o significante não o saiba não significa que não estejam ali. Isso dá uma ideia, talvez, do porquê a análise kleiniana ser uma análise da resistência.

Em função da comunidade topológica dos furos em jogo, a causa do desejo coincide com a pulsão. Ali, àquele que não faz mais que demandar responde o ato do analista de não satisfazer a demanda. Esse ato deixa vazio o lugar do gozo para o sujeito que pega as referências do fantasma.

O que ocorre com o preenchimento kleiniano desse lugar? A interpretação kleiniana codifica esse vazio mediante os significantes da teoria das pulsões. Para Klein, tudo é interpretável, tudo é agendável — inclusive o fim da análise[80]. Isso equivale a dizer que não há lugar para o ininterpretável, para a causa do desejo, para o ato. Clinicamente, isso pode ser traduzido na onipresença da culpabilidade na análise, tão evidente que Klein se vê obrigada a situá-la como um dado primário — como angústia específica de uma fase dos primei-

---

[80] KLEIN, M. (1949) Sobre os critérios para o término de uma psicanálise. In: KLEIN, M. *Inveja e gratidão e outros trabalhos* (1946 1963). Rio de Janeiro: Imago Ed., 1991, p.64-69.

A RESISTÊNCIA COMO MÁSCARA DO DESEJO

ros meses da vida do lactante — e a conceber o fim de análise em função da reparação culposa do Outro ("atacado" pelo desejo que resiste a esse tipo de interpretação, como bem se lê no caso relatado por Hanna Segal). Esse propósito de dizer o verdadeiro do real leva do mal ao pior. Nisso o kleinianismo é psicoterapêutico. Não leva o desejo a ser um desejo advertido, e sim, a um desejo instruído — no mesmo sentido em que se instrui, com um programa alheio, um computador.

Existe um preenchimento pseudolacaniano do furo causal que se faz com os termos do gozo que o analisante repete. Se o analista concebe que o analisante, por exemplo, não quer renunciar a seu gozo, a interpretação torna-se facilmente a demanda de que o abandone. Recria-se, assim, com a noção de gozo de Lacan, a teoria da resistência e se interpreta essa resistência. Quando o analista pensa em termos de resistência, tende a responder em termos de sugestão.

Eu, bem pelo contrário, digo que, a cada vez que se revela um gozo na análise, é sua contrapartida de desejo que orienta a análise. De nada serve pedir que o sujeito renuncie ao gozo ao qual se fixou: é decisivo, pelo contrário[81], desanuviar dessa fixação o apoio de um desejo instável ou duvidoso quanto à sua problemática, como o é o desejo do neurótico. Dito de outro modo, recortar desse gozo, uma vez mais, a causa do desejo, arrancando-a do vazio-de-objeto da pulsão.

---

[81] Pode-se reconhecer, na mudança que propõe esse *pelo contrário*, a *Wendung* freudiana que faz da resistência o melhor instrumento da cura analítica.

Quanto aos termos do gozo, o analisante os produz como S_1 que se repetem compulsivamente em sua associação como uma pregação escandida a um Deus que nunca volta. O analista, a partir de sua posição e por sua intervenção, abre os S_1 ao destino que merecem no discurso analítico: o esquecimento. "Confessar um fato é deixar de ser o ator para ser uma testemunha[82], escreveu Borges, para ser alguém que o olha e o narra e que já não o executou.

O discurso analítico radicaliza esse poder da palavra na medida em que do S_1 do gozo faz divergir um S_2 que extrai dele uma metade que o desgarra. Assim, ao gozo que se pretende absoluto, lhe dá sua ab-solução. A divisão destrói o gozo.

Esse gozo destruído é o único bem do sujeito, já que é com ele que paga a realização de seu desejo. Será uma escolha pela qual decide afrontar o impossível. Mas somente ele pode escolher isso. Não há nenhum Deus nem nenhum analista que possa expulsá-lo do paraíso perdido da infância. Se ele se vai, é porque quer.

---

[82] BORGES, J. L. O encontro. In: BORGES, J. L. *O informe de Brodie*. São Paulo: Cia das Letras, 2008.

Transferência e repetição em psicanálise

1.

Pelo lado de Freud

> *Quando tudo para, quando o pensamento se imobiliza, quando a língua se cala, quando a explicação regressa desesperada à casa — aí tem de acontecer uma trovoada. Quem pode entender isto? E, contudo, quem poderá conceber outra coisa?*
>
> S. Kierkegaard[83]

Reconhecida já a importância da sexualidade na etiologia das neuroses, facilitado já o caminho da palavra que leva do sintoma ao acontecimento traumático ou à fantasia, exploradas já as linhas quebradas que dificultam o progresso da análise, nos retículos desse caminho, Sigmund Freud descobre um fato surpreendente: a transferência. Um fato novo, produzido na análise em relação à pessoa do médico[84].

---

[83] KIERKEGAARD. S. (1843) *A repetição*. Lisboa: Relógio D'Água Editores, 2009. p.123.

[84] FREUD, S. (1895) Estudos sobre a histeria. In: *Edição Standard Brasileira das Obras Psicológicas Completas de Sigmund Freud*. Tradução sob a direção de Jayme Salomão. Rio de Janeiro: Imago, 2006, vol. II.

| A RESISTÊNCIA COMO MÁSCARA DO DESEJO

Anos depois, diversas vezes, o próprio Freud insistirá no quão espantoso foi esse achado, ainda mais quando se considera que a disposição à transferência é um fato cotidiano, universalmente distribuído entre os homens normais, ostensivamente aumentado nos neuróticos: "Seria mesmo muito estranho se um traço humano tão difundido e tão importante nunca tivesse sido percebido nem valorizado. E, de fato, ele o foi"[85], afirma em sua 27ª Conferência. *Eine neue Tatsache*. Um fato novo, mas cotidiano. O gigantesco costuma ser uma das formas do invisível.

De modo mais restrito, comentando a interrupção da análise de Dora, em 1901, Freud havia definido a transferência como a substituição de uma pessoa anterior, involucrada nas fantasias ou nas lembranças ligadas ao sintoma, pela pessoa do médico. Um obstáculo duro para a psicanálise. A paciente atua, ao invés de recordar. Contudo, "vê-se melhorar o estado do doente à medida que, traduzindo o material patogênico em material normal, contribui-se para o solucionamento de seus problemas psíquicos"[86].

Au commencement de la psychanalyse est le transfert, escreverá Lacan, fazendo eco de São João em um século já trans-

---

[85] FREUD, S. (1917) Conferência XXVII: A transferência. In: *Edição Standard Brasileira das Obras Psicológicas Completas de Sigmund Freud*. Tradução sob a direção de Jayme Salomão. Rio de Janeiro: Imago, 2006, vol. XVI, p.447.

[86] FREUD, S. (1905) Fragmento da análise de um caso de histeria. In: *Edição Standard Brasileira das Obras Psicológicas Completas de Sigmund Freud*. Tradução sob a direção de Jayme Salomão. Rio de Janeiro: Imago, 2006, vol. VII, p.111.

formado pelo ato freudiano, o ato de criação *ex nihilo* de um discurso novo que mudou a clínica e a cultura do ocidente[87].

A cura psicanalítica não cria a transferência, meramente a revela — como a tantos outros segredos da alma —, lemos sob a pena de Freud. Porém, para revelar o evidente, para que a psicanálise começasse, era necessário o enorme salto transepistemológico — se me permitem a expressão — pelo qual o médico deixa de sê-lo para operar a partir de uma posição de objeto, como explicaremos mais adiante com Melanie Klein e Jacques Lacan.

Para medir a imensa coragem de Freud, sua falta de pudor preconceituoso, sua cientificidade rigorosa apressada por seu desejo até o terreno conjectural da ficção histérica e do sexo, não há nada comparável a sua concepção da transferência. Não naquilo que disse dela, não apenas em seus enunciados, mas também nas consequências da transferência mal manejada que transparece em seus historiais.

Elizabeth R., Dora, a Jovem Homossexual e o Homem dos Lobos são alguns exemplos do rigor científico e da honestidade de Freud. No relato do ponto de fracasso de cada uma dessas análises, Lacan pôde situar as coordenadas precisas em que se verifica, bem como na prática analítica que deriva de seu ensino, uma teoria muito mais ajustada da transferência, fundada nas noções de sujeito suposto saber e de objeto *a*.

---

[87] LACAN, J. (1967) Proposição de 9 de outubro de 1967 sobre o psicanalista da Escola. In: LACAN, J. *Outros Escritos*. Rio de Janeiro: Jorge Zahar Editor, 2003, p.248-264.

Depois de Freud, os psicanalistas poderiam utilizar como bem entendessem o conceito de transferência. Estendê-lo excessivamente, como talvez tenha feito Melanie Klein, ou confundi-lo com o de repetição, como fez Ida Macalpine. Poderiam também relegá-lo por trás do conceito de contratransferência, como Heirich Racker, ou ainda tentar achatá-lo, por comparação, com o critério de realidade do analista, como no caso de Ernst Kris que Lacan tornou famoso[88].

Porém, de todo modo, há, entre os analistas, um estranho consenso de que é o termo que conceitualiza o princípio do poder da cura. Dizer que no começo da psicanálise está a transferência também implica que não há análise sem transferência.

Antípodas da transferência: resistência e motor da análise

Inicialmente, para Freud, a transferência era um modo específico de falso enlace à pessoa do médico. Essa "pessoa" não é, evidentemente, aquela pessoa. Trata-se de uma representação que substitui outra, do deslocamento de um afeto de uma representação para outra, em que o analista intervém como representação *prêtàporter*, apta a todo uso, incluída em

---

[88] KLEIN, M. (1952) As origens da transferência. In: KLEIN, M. *Inveja e gratidão e outros trabalhos* (1946 1963). Rio de Janeiro: Imago ed., 1991, p. 70-79; MALCAPINE, I. (1950) The development of the transference, In: *The Psychoanalytic Quarterly*, XIX, 500; RACKER, H. (1959) Estudios sobre la técnica psicoanalítica. Buenos Aires: Paidós, 1981; KRIS, E. (1951) Ego psychology and interpretation in psychoanalytic therapy. *The psychoanalytic Quaterly*, XX, 21; LACAN, J. *Escritos*. Rio de Janeiro: Jorge Zahar, 1998.

um novo sintoma que se pode tratar da mesma maneira que os sintomas antigos.

Aquilo que, nos *Estudos sobre a histeria*, apresentava-se como uma nova dificuldade, divide-se, nos chamados escritos técnicos, em vários aspectos contraditórios entre si:

1. A transferência, quando não passa de uma disposição amável, um interesse sincero pelas intervenções do analista, constitui-se em condição de possibilidade da análise. Esse aspecto operativo da transferência facilita o trabalho de associação e rememoração por parte do paciente, bem como sua sugestionabilidade.
2. Quando o interesse pelo analista torna-se muito intenso, com nuance marcadamente erótica, revela outro aspecto da transferência que, para Freud, tem a ver com a resistência que paralisa o trabalho analítico e ameaça interrompê-lo definitivamente. Freud apresenta motivos técnicos e éticos para que o analista se abstenha de consentir com esse amor sexual. Ao mesmo tempo em que reconhece o equivalente grau de autenticidade, de loucura e de estereotipia entre esse amor e aquele que se dá fora da análise, destaca o fato de que o amor de transferência é provocado ou, ao menos, exacerbado pela situação analítica. É seu resultado inevitável. Mulheres casadas e solteiras manifestaram a Freud saber, desde o começo do tratamento, que somente pelo amor poderiam se curar e, por isso, esperaram que esse laço lhes proporcionasse

como presente aquilo que a vida até então lhes havia negado. Ele, inflexível, recomposto de seu assombro, sentencia "que essa mulher, cuja capacidade de amor acha-se prejudicada por fixações infantis, deve adquirir pleno controle de uma função que lhe é de tão inestimável importância; que ela não deve, porém, dissipá-lo no tratamento"[89].

3. A transferência também pode se tornar hostil, "negativa", resultando tão apropriada à resistência quanto a transferência erótica hiperintensa.

Em qualquer uma das duas últimas variantes, pode-se verificar que a transferência se manifesta como a mais forte das resistências, capaz de induzir efetivamente o cessar das associações.

Isso fará com que Freud, em 1925 — em *Inibições, sintomas e ansiedade*[90] —, fale de uma resistência de transferência cuja natureza é similar à da repressão. Entretanto, essa resistência tem a particularidade de criar fenômenos muito mais nítidos na análise, já que, ao estabelecer um vínculo com o analista, reanima uma repressão que simplesmente deveria ser relembrada.

---

[89] FREUD, S. (1915) Observações sobre o amor transferencial (Novas recomendações sobre a técnica da psicanálise II). In: *Edição Standard Brasileira das Obras Psicológicas Completas de Sigmund Freud*. Tradução sob a direção de Jayme Salomão. Rio de Janeiro: Imago, 2006, vol. XVII, p.186.

[90] FREUD, S. (1926) Inibições, sintomas e ansiedade. In: *Edição Standard Brasileira das Obras Psicológicas Completas de Sigmund Freud*. Tradução sob a direção de Jayme Salomão. Rio de Janeiro: Imago, 2006, vol. XX p.79-171.

Para explicar o aparente contrassenso que resulta do fato de a transferência não ser algo específico da análise, mas que nela pode intervir como seu instrumento essencial ou seu maior obstáculo, Freud recorre ao conceito de repetição.

Conjunção da transferência e da repetição

Freud começa seu breve e deslumbrante escrito *Recordar, repetir, elaborar*[91] (1914) fingindo sentir saudade da época ideal da hipnose, quando o paciente recordava o passado com pouca resistência, sem confundi-lo com o presente. Com a nova técnica psicanalítica, "o paciente não recorda coisa alguma do que esqueceu e reprimiu, mas expressa-o pela atuação ou atua-o (*acts it out*). Ele o reproduz não como lembrança, mas como ação; repeteo sem, naturalmente, saber que o está repetindo"[92].

Chamam a atenção os termos de Freud: "[...] o paciente não recorda coisa alguma do que esqueceu e reprimiu [...]". Dizer que não lembra nada, que tudo aquilo que retorna do reprimido é repetido, leva à dupla afirmação que, na página seguinte, faz coincidir transferência e repetição: "[...] a transferência é, ela própria, apenas um fragmento da repetição, e que a repetição é uma transferência do passado esquecido[93]."

---

[91] FREUD, S. (1914) Recordar, repetir, elaborar. In: *Edição Standard Brasileira das Obras Psicológicas Completas de Sigmund Freud*. Tradução sob a direção de Jayme Salomão. Rio de Janeiro: Imago, 2006, vol. XII, p.163-171.
[92] *Ibid.*, p.165.
[93] *Ibid.*, p.166.

A RESISTÊNCIA COMO MÁSCARA DO DESEJO

A compulsão à repetição substitui o impulso de recordar. Isso não só na relação com o analista, mas também em todas as outras atividades e vínculos simultâneos da vida. Quanto maior a resistência, mais o recordar será substituído pelo atuar (repetir).

Se a cura começa sob a eficácia de uma transferência suave, positiva e não expressa, isso permite, como na hipnose, aprofundar a lembrança. Porém, se essa transferência se torna hostil ou hiperintensa — e, por isso, requer repressão —, o recordar dá imediatamente lugar ao atuar. A partir desse momento, as resistências comandam a sequência daquilo que se repetirá. Repetir é fazer do sintoma um poder atual, e não o representante de um episódio histórico.

Nesse texto de 1914 acentua-se a conceitualização freudiana da repetição que se aproxima daquilo que, em 1920, Freud chamará — em *Além do princípio de prazer*[94] — "o eterno retorno do mesmo", no qual Lacan reconhecerá a função do real na estrutura. Seria fazer um forçamento nos textos freudianos dizer que isso surge exatamente em 1914.

Em efeito, já em *A dinâmica da transferência*[95], de 1912, encontramos a ideia de que os fenômenos de transferência oferecem o serviço de tornar atuais e manifestas as forças

---

[94] FREUD, S. (1920) Além do princípio de prazer. In: *Edição Standard Brasileira das Obras Psicológicas Completas de Sigmund Freud*. Tradução sob a direção de Jayme Salomão. Rio de Janeiro: Imago, 2006, vol. XVIII, p.12- 75.

[95] FREUD, S. (1912) A dinâmica da transferência. In: *Edição Standard Brasileira das Obras Psicológicas Completas de Sigmund Freud*. Tradução sob a direção de Jayme Salomão. Rio de Janeiro: Imago, 2006, vol. XII, p.108-119.

amorosas ocultas e esquecidas dos doentes. *Niemand in absentia oder in effigie erschlagen werden*, conclui. De todo modo, nesse artigo o que se repete é, para Freud, um *Klischee* infantil ligado, geralmente, à *imago* paterna, que engendra uma série de investiduras libidinais que, eventualmente, inclui o analista.

Essa repetição, do texto de 1912, é concebida como aquilo que Lacan chamará *autômaton*, a repetição do significante. Em 1914, por sua vez, e mais ainda em 1920, a repetição freudiana aproxima-se do que Lacan chamará *tiquê*: reviver um fragmento de vida real. *Ein Stück realen Lebens*, escreve Freud em *Recordar, repetir, elaborar*, sem dúvida influenciado por sua experiência com o Homem dos Lobos. Também podemos dizer que, se Freud, em 1925, chamara de resistência de transferência a conjunção que faz desde 1914 entre transferência e repetição, essa resistência, em certo sentido, não é real. É um momento reiterado e imprescindível no desenvolvimento da cura.

O próprio Freud já havia escrito no historial do Homem dos Ratos sua célebre frase: "Somente pelo caminho doloroso da transferência é que foi capaz de se convencer de que sua relação com o pai realmente carecia da postulação desse complemento inconsciente[14 96]." O paciente não podia deixar de lhe comunicar, com desespero, os insultos que surgiam em seus sonhos noturnos ou diurnos. Levantava-se do divã

---

[96] FREUD, S. (1909) Notas sobre um caso de neurose obsessiva. In: *Edição Standard Brasileira das Obras Psicológicas Completas de Sigmund Freud*. Tradução sob a direção de Jayme Salomão. Rio de Janeiro: Imago, 2006, vol. X, p.182.

e pedia a Freud que o expulsasse. Daí surge o problema, em geral inevitável, do "agravamento durante a cura".

O neurótico segue, em relação a seus sintomas — continua Freud —, a política do avestruz: desconhece o genuíno conteúdo de sua fobia ou o texto de suas representações obsessivas. "Não é nada raro acontecer que, só depois de fazer uma certa quantidade de trabalho psicanalítico com um paciente, um analista possa conseguir saber o conteúdo real de uma fobia, a forma precisa de palavras de um impulso obsessivo, e assim por diante [...]O analista, assim, se encontra na posição, curiosa para um médico, de vir em auxílio de uma doença e de proporcionar-lhe atenção [...] O fato é que é preciso pegar o ladrão para poder enforcá-lo [...]"[97], escreveu Freud em 1909, a propósito da fobia de Hans.

Nesse mesmo ano, no escrito sobre o Homem dos Ratos, diria algo semelhante. A lógica da clínica freudiana acentua a necessidade desse agravamento sintomático para o progresso da cura, mesmo que Freud ainda considere isso como uma resistência.

A transferência, então, quando deixa de ser positiva, leve, não expressada, e ganha forma de compulsão à repetição, mesmo que apresente um aspecto resistencial, tem a virtude de atualizar algo mais do que uma lembrança. Se, nesses momentos, o manejo da transferência pode ser mais árduo, reside nele a chave da eficácia incomparavelmente maior e

---

[97] FREUD, S. (1909) Análise da fobia em um menino de cinco anos. In: *Edição Standard Brasileira das Obras Psicológicas Completas de Sigmund Freud*. Tradução sob a direção de Jayme Salomão. Rio de Janeiro: Imago, 2006, vol. X, p.113.

duradoura da psicanálise em relação aos tratamentos meramente sugestivos.

É preciso dizer também que nem tudo na transferência é, para Freud, repetição. Nos escritos técnicos opõe a compulsão à repetição à rememoração facilitada por uma transferência temperada, que não é hiperintensa nem hostil. Inversamente, não toda repetição é, para Freud, transferencial. Como explicara em 1920, há manifestações da compulsão à repetição que são diferentes da transferência: os sonhos dos doentes de neuroses traumáticas, a brincadeira da criança, o destino adverso.

Neurose de transferência

A transferência é, para Freud, o principal recurso terapêutico. Isso porque é o campo aberto onde podem se desdobrar livremente não só as associações do paciente, mas também tudo o que implica a compulsão à repetição de encenação, de voltar a viver um vínculo do passado. Avançando nesse campo aberto, consegue-se dar a cada sintoma da doença um novo significado transferencial até substituir a neurose primitiva por uma neurose de transferência.

Essa nova doença, criada artificialmente pelo tratamento analítico, tem a vantagem de presentificar todas as forças que intervêm na constituição das neuroses, tornando-as acessíveis à intervenção do analista. A libido, que na neurose não está dirigida a nenhum objeto real, encontrando satisfação substitutiva nos sintomas, converge agora para um único ob-

A RESISTÊNCIA COMO MÁSCARA DO DESEJO

jeto: aquele que o analista encarna. Um objeto fantasmático (*ein phantastische Objekt*) substitui os diversos tipos de objetos irreais da libido (*irrealen Libidoobjekte*) que intervêm na fantasia em que o sintoma neurótico se sustenta.

O trabalho terapêutico se decompõe, então, em duas fases. Na primeira, toda a libido dos sintomas é compelida a se concentrar na transferência, e na segunda, deve-se liberar a libido desse novo objeto. Esse esquema, expresso entre 1914 e 1917, é coerente com a afirmação freudiana de que a neurose de transferência é o autêntico objeto de estudo da psicanálise.

Liberar-se da neurose de transferência não é tarefa fácil para o paciente e é, também, uma dura prova para o analista. Requer um árduo trabalho de elaboração que está longe de ser simplesmente algo da ordem da rememoração e do reconhecimento intelectual. Aquilo que Freud chamará de resistências do isso e do supereu — respectivamente, compulsão à repetição de arquétipos inconscientes e necessidade de castigo — tornam essa tarefa muito difícil, como podemos constatar cotidianamente na nossa experiência clínica.

Não é por acaso que a noção de neurose de transferência como um artifício da cura tem o mesmo nome que a categoria nosográfica em que Freud inclui a histeria de conversão, a histeria de angústia e a neurose obsessiva. Aqueles que padecem dessas neuroses têm em comum a aptidão para transferir a libido da fantasia e do sintoma à situação analítica, o que os torna acessíveis à psicanálise.

Essa mesma ideia permite a Freud separar dessas neuroses outro grupo de entidades clínicas, as quais designará, genericamente, como neuroses narcísicas, caracterizadas pelo fato de que quem as padece não tem nenhuma capacidade de transferência ou somente restos insuficientes dela. Entre 1914 e 1924, Freud inclui nesse grupo a paranoia, a *dementia praecox* e a melancolia.

Em *Neurose e psicose*[98], por sua vez, reserva o termo neurose narcísica para a melancolia. Assim, a distingue das outras grandes ordens freudianas da psicose com uma argumentação consequente de sua segunda tópica: na melancolia, o conflito básico se produz entre o eu e o supereu, e na psicose, entre o eu e o mundo exterior.

Ler Freud

Por que é tão difícil ler Freud, mesmo tendo ele uma prosa clara, um estilo ágil e simples? Por que é tão necessário, ao mesmo tempo, ler Freud, ainda que os psicanalistas se extraviem quando não atendem à sua letra? Por que Lacan somente pôde renovar, na raiz, o discurso do psicanalista sob a consigna de um retorno a Freud?

Talvez seja melhor admitir que a obra de Freud, que é a própria psicanálise, seja sem um porquê. Mas, de qualquer forma, é evidente que gera leituras extremamente distintas. Na própria obra de Lacan encontramos enormes divergências

---

[98] FREUD, S. (1924) Neurose e psicose. In: *Edição Standard Brasileira das Obras Psicológicas Completas de Sigmund Freud*. Tradução sob a direção de Jayme Salomão. Rio de Janeiro: Imago, 2006, vol. XIX, p.163-171

| A RESISTÊNCIA COMO MÁSCARA DO DESEJO

em sua explicação de um mesmo texto. Basta lembrar, para comprovar isso, a divergência de suas afirmações a respeito da noção freudiana de identificação como, por exemplo, no caso Dora.

Aquilo que Freud introduziu no real com seu discurso escorre nas trilhas lógicas em que tentamos aprisioná-lo. Mas também retorna, inexorável, nas contradições que, em sua obra, coincidem com nossas dificuldades clínicas. Não podemos deixar passar esse absurdo — sit venia verbo — se queremos que algo real suceda em nossa experiência. Tudo que podemos fazer para nos aliviar é tentar articular pacientemente, cada um a seu modo, os termos contraditórios que se apresentam a nós.

Lacan, o mais lúcido dos leitores de Freud, não pôde deixar de acompanhá-lo no fato de que a transferência é repetição. Mas tampouco pôde deixar de ler a força com que Freud buscou o ponto de apoio que permitiu "desassujeitar" o analisante da repetição — dado irredutível e pacificador do inconsciente — e avançar a partir dessa antinomia até produzir sua teoria do ato.

À pergunta de Kierkegaard que está na epígrafe deste capítulo podemos responder, com Lacan, que, inclusive em termos individuais, a solução do impossível é aportada ao homem pela exaustão de todas as formas possíveis de impossibilidades encontradas na equação significante da solução. Por essa via, uma análise pode levar o sujeito à porta do ato.

2.

O que ensina Klein

> *Mas querer servir à ideia, o que, na relação com o amor,*
> *não quer dizer servir dois senhores,*
> *é também um serviço fatigante;*
> *porque nenhuma beldade pode ser tão exigente*
> *como a ideia nem o desagrado de nenhuma rapariga*
> *pode ser tão pesado como a cólera da ideia*
> *que, acima de tudo, é impossível de esquecer.*
> S. Kierkegaard1[99]

Há dois artigos em que Melanie Klein dá atenção especial ao conceito de transferência. Um deles aparece precocemente em sua obra, o *Simpósio sobre análise de crianças*[100], de 1927. O outro é mais tardio, a monografia sobre *As origens da transferência*[101].

---

[99] KIERKEGAARD, S. *A repetição*. Lisboa: Relógio d'água ed., 2009, p.41.

[100] KLEIN, M. (1927) Simpósio sobre análise de crianças. In: KLEIN, M. *Amor, culpa e reparação e outros trabalhos (1921 1945)*. Rio de Janeiro: Imago Ed., 1996, p.164-196.

[101] KLEIN, M. (1952) As origens da transferência. In: KLEIN, M. *Inveja e gratidão e outros trabalhos (1946 1963)*. Rio de Janeiro, Imago Ed., 1991, p.70-79.

A RESISTÊNCIA COMO MÁSCARA DO DESEJO

Apesar de o *Simpósio sobre análise de crianças* ser um de seus primeiros artigos, já encontramos nele claramente esboçadas as grandes linhas do que serão a obra e a escola kleinianas. Essas linhas estão particularmente bem destacadas nesse artigo pela polêmica que estabelece com Anna Freud sobre a análise de crianças. Discussão decisiva, se considerarmos que a posição de Anna Freud contribuirá para conduzir a uma linha da psicanálise chamada *ego psychology*.

Klein, apoiando-se na *Análise da fobia de um menino de cinco anos*, de Freud, parte do princípio de que a análise com crianças é possível, e que é, inclusive, saudável explorar o complexo de Édipo até os estágios mais precoces — que ela recupera a partir da concepção freudiana até a segunda metade do primeiro ano de vida. Elimina, assim, ainda que não totalmente, a temporalidade *nachträglich* com que se constituem os fatos estruturais para Freud.

Opondo-se enfaticamente a Anna Freud, Melanie Klein acrescenta que, para que a análise de uma criança se desenrole, não é necessário que o analista se empenhe em exercer uma influência educativa, pois ambas as coisas são incompatíveis.

Klein encontrou uma técnica para a análise com crianças — o brincar — e uma teoria dessa técnica que lhe permitiriam trabalhar com essa premissa fundamental, que explicará detalhadamente em *A psicanálise de crianças*[102]: brincando, a criança fala. Nas brincadeiras, atua, em vez de falar. Mas isso tem exatamente o mesmo valor que se falasse. Associa brincando.

---
[102] KLEIN, M. (1932) *A psicanálise de crianças*. Rio de Janeiro: Imago Ed., 1997.

O QUE ENSINA KLEIN |

Na brincadeira, além disso, a criança repete suas fantasias masturbatórias, permitindo identificar a compulsão a brincar — comparável à compulsão a associar de que fala Freud nos *Estudos sobre a histeria* com uma compulsão à repetição que constitui o mecanismo fundamental da brincadeira infantil. Nisso, Melanie Klein segue o Freud de *Mais além do princípio do prazer*. Mas se afasta também dele em relação ao seguinte: considera que a criança tem capacidade de representar seu inconsciente de forma direta, viver, inclusive, a situação original em sua análise, o que implica, logicamente, abolir, nesses pontos, a repetição.

Paralelamente, Klein desenvolve uma teoria da interpretação no que se refere ao brincar. Para aceder às fantasias e ao inconsciente da criança, o analista deve dirigir sua atenção aos métodos de representação simbólica indireta que se empregam em cada idade até que a ansiedade diminua e, assim, sejam possíveis as brincadeiras de imaginação mais ricas em associações verbais.

A repetição dos detalhes em uma brincadeira é, para Melanie Klein, um indicador importante de para onde dirigir a interpretação que, uma vez feita, possibilitará o surgimento de novos detalhes. O efeito da análise é que, ao diminuir a ansiedade e as inibições da criança, aumenta a disponibilidade da linguagem verbalmente expressa. Isso é tão válido a ponto de, para Klein, um critério importante para o fim de análise de uma criança, mesmo de pouca idade, é ter conseguido, durante o tratamento, utilizar sua linguagem de acordo com todas as suas possibilidades.

99

A RESISTÊNCIA COMO MÁSCARA DO DESEJO

Em relação à equivalência entre brincadeira e associação livre, advinda de sua teoria da formação de símbolos esboçada em *Análise de crianças pequenas*, de 1923, e de sua concepção da representação direta do inconsciente na criança, Melanie Klein interpreta seguindo este modelo:

> Supondo-se que a criança expressa o mesmo material psíquico em várias repetições [...] e supondo-se também, como pude observar, que essas atividades geralmente são acompanhadas de um sentimento de culpa, que se manifesta sob a forma de ansiedade ou através de representações que implicam uma supercompensação, que são a expressão de formações reativas [...] então interpreto esses fenômenos, ligando-os ao inconsciente e à situação analítica.[103]

Como os enlaça com a situação analítica?

Melanie Klein elabora uma teoria da transferência baseada em sua doutrina das relações de objeto, que encontramos desenvolvida em *As origens da transferência*.

Diferente de Freud, que as faz preceder por uma etapa autoerótica e por outra narcísica, Klein afirma que as relações de objeto operam desde o início da vida pós-natal, assim como as fantasias, as angústias, as defesas, o amor e o ódio — os quais não operam *in vacuo*, e sim, sobre os objetos.

---

[103] KLEIN, M. (1927) Simpósio sobre análise de crianças. In: KLEIN, M. *Amor, culpa e reparação e outros trabalhos* (1921 1945). Rio de Janeiro: Imago Ed., 1996, p.174.

A transferência tem origem nos processos que se produzem nas primeiras relações objetais. Por isso, na análise, é preciso, uma e outra vez, voltar às emoções ligadas aos primeiros objetos.

O analista em posição de objeto

A análise da transferência negativa, que, para Melanie Klein, recebeu pouca atenção na técnica analítica, é uma condição prévia à análise dos níveis mais profundos do psiquismo. "Meu método pressupõe, é claro, que desde o início eu esteja disposta a atrair a transferência negativa — e não só positiva"[104], escreve, convencida, como sempre estará, de que, nas crianças, a transferência é imediata, seja de natureza positiva ou negativa, seja que se produza em manifestações bem visíveis ou em outras mais sutis, como, por exemplo, timidez ou certa desconfiança. No *Simpósio sobre a análise de crianças*, disse ter notado, a partir de sua experiência, que uma plena neurose de transferência se desenvolve nas crianças: os sintomas mudam no curso da análise, acentuando-se ou diminuindo de acordo com a situação analítica.

Em relação ao signo da transferência, critica vigorosamente Anna Freud por sua pretensão de atrair para si, preferencialmente, a transferência positiva a fim de favorecer aquilo que na *ego psychology* será a "aliança com a parte sã do eu". Isso é, para Klein, perfeitamente desnecessário na medida

---
[104] *Ibid.*, p.172.

em que, em função das coordenadas já esquematizadas, o vínculo analítico é concebido por ela como uma conexão direta do analista com o inconsciente da criança.

O passo mais importante, mais subversivo de Melanie Klein, na teoria e na prática clínica da transferência, será dado pela localização do analista a partir da construção de sua noção de objeto interno.

No *Simpósio sobre a análise de crianças*, evidencia a surpreendente clivagem entre os objetos externos originários e o objeto interno que se constituiu por introjeções sucessivas daqueles ou de parte deles. A pais muito bons pode corresponder um supereu de severidade selvagem — essa ideia permite a Melanie Klein tornar a análise independente de uma necessidade educativa e opor-se a Anna Freud, para quem a análise deve reforçar o supereu. Em *As origens da transferência*, explicará que, sobre o analista, estão focadas as relações de objeto em suas modalidades escalonadas a partir das primeiras experiências até a situação atual.

De particular importância serão as primeiras fases da constituição das relações objetais. A compulsão à repetição é suscitada pela pressa que surge das primeiras formas de angústia, persecutória e depressiva[105]. O analista tende a representar o

[105] KLEIN, M. (1945) O complexo de Édipo à luz das ansiedades arcaicas. In: KLEIN, M. *Amor, culpa e reparação e outros trabalhos* (1921 1945). Rio de Janeiro: Imago Ed., 1996. p.413-464; KLEIN, M. (1946) Notas sobre alguns mecanismos esquizoides. In: KLEIN, M. *Inveja e gratidão e outros trabalhos* (1946 1963). Rio de Janeiro: Imago Ed., 1991, p.17-43; KLEIN, M. (1948) Sobre a teoria da ansiedade e da culpa. In: KLEIN, M. *Inveja e Gratidão e outros trabalhos* (1946 1963). Rio de Janeiro: Imago Ed., 1991,

mau objeto interno como consequência da atitude kleiniana de situar e analisar, antes de tudo, a transferência negativa.

Essa posição é mais operativa do que a do analista que se esforça em ficar na posição de objeto idealizado, pois a análise da transferência negativa permite reduzir mais radicalmente a ansiedade persecutória que ameaça o eu ou a ansiedade depressiva que ameaça o objeto de amor pela agressão do sujeito[106].

De todo modo, é preciso levar em consideração que o analista, como figura idealizada, é também uma defesa contra uma angústia persecutória, mesmo quando a transferência ganha matiz positivo[107].

Fim de análise: disjunção entre transferência e repetição

O fim de análise kleiniano supõe uma disjunção que se estabeleceu progressivamente na cura entre a transferência e a compulsão à repetição das primeiras situações de angústia.

Efetivamente, a transferência não é para Klein somente repetição do passado nem supõe referências diretas ao analista.

---

p.44-63; KLEIN, M. (1948) Sobre a teoria da ansiedade e da culpa. In: KLEIN, M. *Inveja e Gratidão e outros trabalhos* (1946 1963). Rio de Janeiro: Imago Ed., 1991, p.44-63.

[106] KLEIN, M. (1952) As origens da transferência. In: KLEIN, M. *Inveja e gratidão e outros trabalhos* (1946 1963). Rio de Janeiro, Imago Ed., 1991, p.70-79.

[107] KLEIN, M. (1949) Sobre os critérios para o término de uma psicanálise. In: KLEIN, M. *Inveja e gratidão e outros trabalhos*. Rio de Janeiro: Imago Ed., 1991, p. 64-69.

A RESISTÊNCIA COMO MÁSCARA DO DESEJO

Seu conceito de transferência é muito mais amplo, já que cobre tudo que vai da situação presente até as primeiríssimas experiências, e as relações objetais atuais que não necessariamente seguem o modelo das vivências mais precoces.

Por isso, a medida do efeito curativo da psicanálise está dada pelas diferenças — em oposição às semelhanças — entre a transferência e a repetição das primeiras relações de objeto. A clara distinção entre transferência e repetição é um parâmetro necessário para o fim de análise kleiniano, já que há ao menos um elemento irredutível da repetição: a faculdade do superego. "Nunca terminei uma análise com a sensação de que essa faculdade tinha se tornado fraca demais[108]."

Na elaboração de sua concepção de cura, em *Inveja e gratidão*[109], o superego invejoso, derivado da inveja primária, continua sendo um termo irredutível da estrutura. Desse modo, a análise pode levar o analisante a ter menos medo da inveja e maior confiança nas forças construtivas e reparadoras, isto é, na capacidade de amar. O amor pode, então, mitigar — mas, de maneira nenhuma, abolir — a inveja. Além disso, o *insight* conseguido no processo de integração torna possível que o paciente reconheça que há partes potencialmente perigosas de sua personalidade.

---

[108] KLEIN, M. (1927) Simpósio sobre análise de crianças. In: KLEIN, M. *Amor, culpa e reparação e outros trabalhos* (1921 1945). Rio de Janeiro: Imago Ed., 1996, p.191.

[109] KLEIN, M. (1952) Inveja e gratidão. In: KLEIN, M. *Inveja e gratidão e outros trabalhos* (1946 1963). Rio de Janeiro: Imago Ed., 1991, p.205-267.

O interjogo entre inveja e gratidão pode ser interpretado como a dialética entre a instância mais radical da repetição, dependente do instinto de morte, e a transferência, que pode ser depurada em boa medida da intromissão daquele nas relações com os objetos.

A leitura kleiniana de Freud: algumas consequências clínicas

A capacidade de transferência não se restringe em M. Klein, como para Freud, às neuroses. Apoiando-se nos aportes de Hanna Segal[110] e, sobretudo, de Hebert Rosenfeld[111], afirma que houve mudança radical nesse ponto de vista, já que se descobriu que os pacientes esquizofrênicos estabelecem transferência positiva e negativa ao mesmo tempo.

Essa descoberta veio à tona a partir do conhecimento que Klein e seus discípulos produziram sobre os mecanismos, angústias e defesas que operam na primeira infância. Confirma-se essa descoberta quando se aplica coerentemente, no tratamento dos pacientes esquizofrênicos, o princípio de que é tão necessário analisar a transferência negativa quanto a positiva — que, de fato, não podem ser analisadas uma sem a outra.

---

[110] SEGAL, H. (1950) Some aspects of the analysis of a schizophrenic. In: *Int. J. Psychol. Anal.*, xxi.

[111] ROSENFELD, H. (1952) Notas sobre a psicanálise do conflito do superego num paciente esquizofrênico em fase adulta. (1952) As manifestações transferenciais e a análise da transferência de um paciente esquizofrênico catatônico em fase aguda. In: ROSENFELD, H. *Os estados psicóticos*. Rio de Janeiro: Zahar Editores, 1968.

Esse excessivo otimismo em relação à análise de esquizofrênicos é francamente rebatível pela experiência clínica quando se determina a estrutura subjetiva do chamado esquizofrênico, como Lacan o fará, por exemplo, em *O aturdito*[112]: sujeito que se especifica por estar capturado na linguagem sem o socorro de nenhum discurso estabelecido.

É o resultado coerente, lógico, da audaz leitura que Melanie Klein faz de Freud, levada até suas últimas consequências por Rosenfeld. Essa leitura se estrutura a partir de um dualismo fundamental que permite reduzir *Mais além do princípio do prazer* e *O eu e o isso* a uma teorização que não requer muitas mais ferramentas conceituais além daquelas que usou Empédocles de Agrigento.

Em *Inveja e gratidão*, é uma dialética cíclica que encontramos entre *neikos* e *philia*. Em *As origens da transferência*, lemos considerações deste tipo:

> Retrospectivamente, pode-se ver que esses avanços consideráveis da técnica são apoiados, na teoria psicanalítica, pela descoberta de Freud das pulsões de vida e de morte, que contribuiu fundamentalmente para a compreensão da origem e da ambivalência. Devido a estarem as pulsões de vida e de morte — e, portanto, o amor e o ódio — no fundo, na mais estreita interação, a transferência positiva e a negativa encontram-se basicamente interligadas.[113]

---

[112] LACAN, J. (1972) O aturdito. In: LACAN, J. *Outros Escritos*. Rio de Janeiro: Jorge Zahar Editor, 2003, p.448-497.

[113] KLEIN, M. (1952) As origens da transferência. In: KLEIN, M. *In-*

Semelhante simplificação da teoria das pulsões apaga muitas das contradições que encontramos na obra de Freud, é verdade. Porém, como demonstrará Lacan, apagá-las nem sempre é o melhor que se pode fazer com essas contradições.

---

veja e gratidão e outros trabalhos (1946 1963). Rio de Janeiro, Imago Ed., 1991, p.77.

3.

A resposta de Lacan

> *Explicarlhe a troca,*
> *dizerlhe que ela era apenas a forma visível,*
> *enquanto o pensamento dele, a sua alma,*
> *buscava outra coisa que ele transferia para ela,*
> *era algo que a magoaria tão profundamente que*
> *o orgulho dele se revoltava contra isso.*
> *Era um método que desprezava*
> *mais profundamente que todo o resto.*
> S. Kierkegaard[114]

Lacan gostava de dizer que entrou na psicanálise como Hércules nos estábulos de Áugias, armado com uma poderosa vassoura: o estádio do espelho, sua primeira teoria do imaginário.

Entretanto, essa não era sua única vassoura. Há, ao menos, mais duas que já estavam em poder de Lacan em 1953, no início daquilo que denominou seu ensino: de um lado, uma teoria do simbólico cuja principal consequência é a afirmação do inconsciente estruturado como uma linguagem; de

---
[114] KIERKEGAARD, S. *A repetição*. Lisboa: Relógio D'Água, 2009, p.42.

I A RESISTÊNCIA COMO MÁSCARA DO DESEJO

outro, o sujeito, um operador estrutural novo, esvaziado de todo conteúdo diferente do *Ich* ou do *Es* freudianos —, que libera a teoria e a prática clínica de todo compromisso ontológico ou psicológico.

O sujeito, à medida que Lacan avança em sua elaboração dos três registros, será situado como suposição ou *exsistência*, mas, em qualquer um dos casos, como efeito do significante, uma criação *ex nihilo*, um nada introduzido no real. Com essa tripartição inicial, entende-se melhor que Lacan comece sua nota introdutória à *Intervenção sobre a transferência* (1951) com esta indicação: "Estamos aqui ainda a amestrar os ouvidos ao termo sujeito[115]." Ele precisava de um termo que não fosse um substrato, uma substância inessencial, para que o edifício discursivo que começava a construir não desmoronasse quando propusesse uma revisão radical das coordenadas da situação analítica.

"Se se aceita que o problema dinâmico central na terapia psicanalítica é o manejo da transferência, há uma grande confusão sobre o que significa realmente essa transferência", escrevera Alexandre em 1946[116]. Para sair da confusão, Lacan começa por exaurir a literatura psicanalítica com um detalhe e paciência admiráveis. Constata, em um primeiro momento, que é a indistinção entre imaginário e simbólico, entre o semelhante e o Outro, entre eu e sujeito, entre sujeito e objeto, o que semeia a desordem e o desconcerto.

---

[115] LACAN, J. (1951) Intervenção sobre a transferência. In: LACAN, J. *Escritos*. Rio de Janeiro: Jorge Zahar Editor, 1998, p.214.

[116] ALEXANDER, F.; FRENCH, T. (1946) *Psychoanalytic Therapy*, Nova York, The Roland Press Co, 1946, p.73.

A RESPOSTA DE LACAN

Conforme vai construindo essas distinções, consegue explicar melhor que o eu, como objeto, se forma a partir de uma sequência historicamente ordenável de identificações imaginárias, sustentadas a partir do simbólico pelos ideais — ou pré-juízos, como se prefira chamá-los —, e que, nesse ponto, os sentimentos são sempre recíprocos. Por isso, se, na situação analítica, a transferência se manifesta como resistência do eu, isso foi propiciado por um erro elementar na posição do analista.

"O que quer dizer que, se vocês lidam, no momento que estamos estudando, com o ego do sujeito, é porque são, nesse momento, o suporte de seu *alter ego*"[117], escreve Lacan. Se a *ego psychology* distanciou-se tanto do que Lacan considera a direção correta da cura psicanalítica, foi porque privilegia os critérios de realidade — pré-juízos — do analista como parâmetros de orientação. Nada mais estranho à psicanálise, segundo Lacan. É contra essa orientação que dirigirá suas críticas mais impiedosas.

Melanie Klein, por sua vez, havia proposto que a posição de objeto idealizado não é a melhor para o analista, que a parte sã do eu não é necessariamente uma boa aliada da cura e que a análise deve ser bem diferenciada de toda pedagogia. "Este é o verdadeiro trabalho analítico, através do qual se estabelece de fato uma situação analítica"[118], afirmou em 1927.

---

[117] LACAN, J. (1954) Introdução ao comentário de Jean Hyppolite sobre a "Verneinung" de Freud. In: LACAN, J. *Escritos*. Rio de Janeiro: Jorge Zahar Editor, 1998, p.375.

[118] KLEIN, M. (1927) Simpósio sobre análise de crianças. In: *Amor, culpa e reparação e outros trabalhos* (1921 1945). Rio de Janeiro: Imago Ed., 1996, p.173. Itálicos do autor

Mas sua conceitualização de meios dizeres levou a novos impasses. Lacan mostrará que não somente a *ego psychology* supõe uma degradação da psicanálise, no que se refere à direção do tratamento e os princípios de seu poder. Isso também ocorre em qualquer doutrina que a reduza a uma dialética dual, seja na linha das relações de objeto — como Abraham e Klein —, seja na da introjeção intersubjetiva do analista — que inclui Ferenczi, Strachey e Balint. Em qualquer uma dessas variantes, o lugar terceiro que permitiria situar corretamente a posição do analista está em déficit. O Outro como lugar da linguagem que se coloca em função no ato da palavra é desconhecido.

Melanie Klein, por exemplo, ignora em suas teorizações — ainda que não o faça em sua prática clínica, como fica evidente no caso Dick — que a transferência se estabelece na e pela dimensão da palavra. Ignora que o discurso, livre de certo número de suas convenções pela regra fundamental, abre o sujeito ao equívoco fecundo em que a palavra verídica se desenvolve na dimensão do engano. Por essa via, são descobertos os pontos que foram reprimidos, não assumidos, não integrados na história. Justamente por ser o lugar de desenvolvimento da transferência, a dimensão do engano proíbe eliminar o sujeito da teorização da experiência, proíbe reduzi-la a termos objetais.

Nos primeiros passos do ensino de Lacan, não se trata somente de excluir da análise a transferência imaginária, amor ou ódio, correspondente ao registro especular, que se acentua a cada vez que a rivalidade paciente-analista é fomentada pelo último quando tenta, por exemplo, impor seus pré-juízos. É necessário também recentrar a análise no eixo que vai do Outro simbólico ao sujeito. É esse segundo ponto, sobretudo, que está em déficit na concepção kleiniana da transferência.

Essa dupla operação de exclusão do especular e de promoção da subjetividade do ser falante na análise leva Lacan a afirmar, de modo taxativo, que não há outra, senão a do próprio analista. Na primeira etapa de seu ensino, coerentemente, a contratransferência é, para Lacan, a soma dos pré-juízos do analista, ou seja, o que o leva engendrar a transferência imaginária do analisante como obstáculo. Em *A direção do tratamento e os princípios de seu poder*[119], explica que a transferência imaginária, ao se apresentar como resistência, é, na verdade, resistência do sujeito à sugestão, desejo de sustentar o desejo.

A transferência é, em si mesma, análise da sugestão na medida em que situa o sujeito em relação à demanda do Outro em uma posição que não tem, a não ser por seu desejo. Então, a resistência da transferência, recolocada assim, pode ser elevada à categoria da transferência positiva (!), dado que é o desejo que mantém a direção da análise fora dos efeitos da demanda.

Repetição e transferência simbólica: da conjunção à disjunção

Ao mesmo tempo que expulsa do consultório analítico a vertente imaginária da transferência, Lacan faz entrar aí a

---

[119] LACAN, J. (1958) A direção do tratamento e os princípios de seu poder. In: LACAN, J. *Escritos*. Rio de Janeiro: Jorge Zahar Editor, 1998, p.591-652.

A RESISTÊNCIA COMO MÁSCARA DO DESEJO

transferência que chama de simbólica[120]. O significante em sua função de transferência é tomado por Lacan, em primeira instância, de um ponto da obra freudiana desvinculado, aparentemente, da situação analítica: a parte C do capítulo VII[121] de *A interpretação dos sonhos*.

Freud, nesse texto, define a transferência considerando que, para a representação inconsciente de um desejo reprimido, não há entrada direta no pré-consciente. Assim, só pode exteriorizar ali algum efeito se entra em relação a uma representação recente e inofensiva que já pertença ao pré-consciente, transferindo-lhe sua intensidade e deixando-se ocultar por ela.

Algo que ex-siste fora da cadeia do significante tenta se intrometer, insistindo nos elementos que a compõem. Clinicamente, isso ganha a forma da compulsão à repetição. A transferência é, em princípio, para Lacan, automatismo de repetição. "Sempre chamei a atenção de vocês que se deve partir do fato de que a transferência, em última instância, é o automatismo de repetição"[122], disse Lacan na lição de 1º de março de 1961. É na memória comparável à de um computador que reside essa cadeia que insiste em se reproduzir na transferência; a memória de um desejo indestrutível.

---

[120] LACAN, J. (1958-1959) *O seminário, livro 6: o desejo e sua interpretação*. Rio de Janeiro: Jorge Zahar, 2016.

[121] FREUD, S. (1900) A psicologia dos processos oníricos: realização de desejos. In: *Edição Standard Brasileira das Obras Psicológicas Completas de Sigmund Freud*. Tradução sob a direção de Jayme Salomão. Rio de Janeiro: Imago, 2006, vol. V, p.580-601.

[122] LACAN, J. (1960-1961) *O seminário, livro 8: a transferência*. Rio de Janeiro: Jorge Zahar, 1992, p. 173.

A RESPOSTA DE LACAN |

Reconhece-se nisso o que, na transferência, se articula do inconsciente estruturado como uma linguagem: a relação do sujeito com o significante, ao ser remetido por esse significante a outro significante. Por essa via, o que se busca é a repetição do passado, a identidade de percepção. Mas há, para Lacan, mais que linguagem e insistência automática na transferência.

Parece-me impossível eliminar do fenômeno da transferência o fato de que ela se manifesta na relação com alguém a quem se fala. Este fato é constitutivo. Ele constitui uma fronteira, e nos instrui, ao mesmo tempo, para não engolfar o fenômeno da transferência na possibilidade geral de repetição que a própria existência do inconsciente constitui.[123]

Já no Seminário 1, Lacan havia definido a transferência como um ato de palavra. Cada vez que um homem fala a outro, acontece algo que muda a natureza dos seres em presença. A presença do passado, na transferência, não é mera repetição, é presença em ato. Há, portanto, na manifestação da transferência algo criador. Nisso separa-se da simples passividade do sujeito que implica a compulsão à repetição. O sujeito, na transferência, fabrica, constrói algo da ordem da ficção. No seminário *A transferência*, essa ficção é comparada ao *agalma*, o bom objeto que Alcebíades crê encontrar em Sócrates no diálogo platônico, e que suscita seu amor de trans-

---
[123] *Ibid.*, p.177.

115

ferência. O propulsor último disso, todavia, não é ali o amor. Porque seu verdadeiro desígnio e sua possibilidade de subsistência como desejo reside na queda do Outro em um objeto a.

Um aspecto de grande importância clínica destacado por Lacan também nesse seminário é o fato de que a transferência não implica apenas a colocação em ato do passado, mas também o deslocamento em ato da situação de enunciação, em que não falta nenhum elemento daqueles que se deslocam no ato da palavra. A transferência supõe a presença do Outro. Isso explica que, diferente da repetição pura e simples do sintoma, do jogo ou do destino, a transferência é modificável pela interpretação.

Uma necessidade há muito superada se repete na insistência do significante que a memoriza. Se seu desaparecimento é possível como consequência do deslocamento transferencial, de sua atualização na palavra do sujeito, é porque entra, assim, no terreno da ficção, em que o sujeito poderá advertir que não se tratava de nada mais do que uma sombra da necessidade.

A transferência, então, é o campo em que se desenvolve a eficácia da psicanálise no que essa tem de valor de resolução da compulsão à repetição ou, ao menos, de absolvição do sujeito em relação à sua implicação nela.

O desejo do analista e a contratransferência

Mesmo quando falamos das transferências imaginária e simbólica em Lacan, apenas tocamos o núcleo daquilo que estruturalmente condiciona — causa, poderíamos dizer —

A RESPOSTA DE LACAN

tanto a possibilidade da transferência quanto a via por onde o sujeito pode sair dela.

Há algo da atualização transferencial que excede tanto o imaginário quanto o simbólico. Quando o sujeito chega ao limite daquilo que o momento permite a seu discurso realizar como palavra, produz-se o fenômeno que, em Freud, nos mostra o ponto de articulação da resistência com a dialética analítica. Nesse ponto, reconhece a escansão suspensiva, frequentemente conotada por um matiz de angústia em que a palavra do sujeito bascula a presença do analista. Presença que não é tal, explica Lacan[124].

Essa conjuntura pode ser promovida à função de pontuação da palavra do analisante. Lacan fará, não já do significante, mas do intervalo que se repete, a estrutura mais radical da cadeia significante. Esse deslocamento é de enorme importância clínica, na medida em que é no intervalo — entre significantes, entre sessões — que se pode situar corretamente a função do desejo.

"É de ver funcionar toda uma cadeia no nível do desejo do Outro que o desejo do sujeito se constitui"[125], dirá Lacan na aula de 10 de junho de 1964. Ao mesmo tempo, a transferência, em suas manifestações de amor, ódio ou ignorância, não é repetição do passado. É isolamento de sua função de engano,

---

[124] LACAN, J. (1967) Alocuções sobre as psicoses da criança. In: *Outros Escritos*, Rio de Janeiro: Jorge Zahar Editor, 2003, p.359-368.

[125] LACAN, J. (1964) *O seminário, livro 11: os quatro conceitos fundamentais da psicanálise*. Versão brasileira de M. D. Magno. Rio de Janeiro: Jorge Zahar Editor, 1988, p.223.

de ficção. É cobertura do laço que sustenta a análise: o laço do desejo do analisante ao desejo do analista.

O analista se oferece como aquele a quem podem ser dirigidas todas as demandas e como aquele que não responde a nenhuma delas. O suporte do que se pode imaginar como sua presença reside na coincidência desse vazio de sua não resposta com a escansão do discurso. Seu desejo se aloja no corte com o qual amplia esse intervalo. O corte, por isso mesmo, é o modo mais eficaz da intervenção e da interpretação analítica.

O desejo do analista se abre, então, como uma incógnita progressivamente angustiante para o analisante, que não o reconhece no nível da demanda, que o interroga como Belzebu ao herói de *O diabo amoroso*, de Cazotte. O desejo do analista suscita a dimensão da *Erwartung* que urge o analisante a se comprometer, induzindo-o, assim, a formular cada vez mais explicitamente sua demanda inconsciente e infantil. "Gostaria que me visse assim ou assado, que faça de mim tal objeto etc." Pela via dessa pressão temporal que é a angústia, o sujeito é introduzido na eficácia da análise.

É interessante medir a distância que há entre as elaborações lacanianas sobre o desejo do analista — aqui apenas esboçadas — e as tentativas anteriores de outros autores que abordaram o tema a partir da noção de contratransferência. B. Grego tratou esse tema com lucidez, assinalando as aporias das tentativas da escola kleiniana, cujo primeiro trabalho data de 1950: *On Countertransference*, de P. Heimann. Para atacar o ideal de um analista desprendido, *detached*, sem desejo algum em relação a seu paciente, ideal que induz medo e culpa nos candidatos, Heimann postula exatamente o inverso: a contratransferência é um instrumento de pesquisa do inconsciente do paciente.

A comunicação de inconsciente a inconsciente que é implícita em qualquer teorização de uma discípula de Melanie Klein estende-se aqui a uma comunicação que já não é somente "intelectual", mas também emocional. A análise se transforma na prática de uma comunicação inefável[126].

Lacan sustenta com firmeza que o desejo do analista é suporte da transferência analítica e da possibilidade de sua *lisis*. Todavia, teoriza-o de modo completamente diferente, mesmo que não sem dificuldades. Começa esclarecendo, por exemplo, que, quanto mais esteja analisado, mais será possível que o analista se apaixone verdadeiramente ou sinta mais aversão, sem rodeios, em relação a seu *partenaire*.

Além disso, assinala que, se o analista encarna a apatia — da qual Heimann se queixava —, deve ser justamente na medida em que está possuído por um desejo mais forte do que o de abraçar seu paciente ou de jogá-lo pela janela. Um desejo que explique que ele pode prescindir do *partenaire*: que lhe permita encarnar, em termos de i(a), o morto da partida de bridge. Que possa prescindir do "me agrada" ou do "não gosto" em que consiste, definitivamente, a contratransferência.

De qualquer forma, não é tanto na pureza do desejo do analista que Lacan centrará seus esforços de elaboração, e

---

[126] HEIMANN, P. (1949) On countertransference. In: *Int. J. Psych.* (1952), XXXI, 82, p. 81-84: GREGO, B. (1981) *Estudios psicoanalíticos*. Buenos Aires, Biblos, 1985, p.15-26.

A RESISTÊNCIA COMO MÁSCARA DO DESEJO

sim, na função que cumpre esse desejo como motor da análise e como suporte da transferência:

> O desejo do analista é sua enunciação, a qual só pode operar se caso venha ali na posição do x: desse mesmo x cuja solução entrega ao psicanalisante seu ser e cujo valor tem a notação (-φ), hiância que designamos como a função do falo a ser isolada no complexo de castração, ou (a), quanto àquilo que o obtura com o objeto que reconhecemos sob a função aproximada da relação pré-genital[127].

Em 1967, Lacan volta a um modo de pensar a relação do desejo do analista no encontro com a transferência do analisante que, em 1959, havia formulado assim: "A análise não é uma simples reconstrução do passado, tampouco é uma redução a normas pré-formadas, a *epos*, não é um *ethos*. Se tivesse que compará-la com algo, seria com um relato que fosse, ele mesmo, o lugar do (re)encontro em questão no relato"[128].

Isso, que não é uma fantasia borgeana[129] nem um paradoxo de Smullyan, e nem um desenho de Escher, permite "imaginar" o que é uma posição bem singular no discurso: a posição do analista nesses hiatos traumáticos da história do

---

[127] LACAN, J. (1967) Proposição de 9 de outubro de 1967 sobre o psicanalista da Escola. In: *Outros Escritos*, Rio de Janeiro: Jorge Zahar Editor, 2003, p.257.

[128] LACAN, J. (1958-1959) *O seminário, livro 6: o desejo e sua interpretação*. Rio de Janeiro: Zahar, 2016, p.518.

[129] Gabriel Lombardi refere-se ao escritor argentino Jorge Luis Borges. [NE]

A RESPOSTA DE LACAN |

sujeito que aconteceram há 23 anos, agora, quando o sujeito tem exatos n+1/2 anos. Ali era esperado desde sempre, atualmente, pelo sujeito atormentado pela insistência mortífera do significante, insistência que é efeito de uma causa que cessou faz tempo.

A função sincrônica do objeto a

Lacan reconhece como antecessores do objeto *a*, considerado por ele uma invenção sua, o objeto perdido de Freud, o objeto transicional de Winnicott e o objeto mau de Melanie Klein. Do último, Lacan pega, em 1959, uma "propriedade" essencial, decisiva na concepção do objeto, do desejo e da transferência. O objeto *a*, assim como o mau objeto interno de Melanie Klein, é um objeto que não se situa em relação à demanda, um resto irredutível àquilo que pode ser demandado. Esse objeto depositado na falta do Outro, que faz Dick dizer *poor Mrs. Klein*, é para ele fonte de simpatia ou de pânico. Como resíduo de toda demanda possível, esse objeto ganha para Lacan o estatuto de real. O real ganha ali a forma do inexorável — etimologicamente: que não pode ser obtido por súplica —, o que retorna sempre ao mesmo lugar.

Alguns anos mais tarde, Lacan discernirá outra característica essencial do *a*: não é, a princípio, objeto do desejo, mas causa do desejo, ou seja, algo que produz a mediação entre a cadeia do simbólico — a demanda — e o real, que, por meio do *a*, insiste nela. Por sua natureza, o *a* é exterior ao Outro do simbólico, que até esse momento é, para Lacan, o lugar do analista.

A RESISTÊNCIA COMO MÁSCARA DO DESEJO

O neurótico, por sua aptidão transferencial, tende a transportar a função do *a* ao Outro. Porém, como isso é impossível, situa ali, no Outro, um *a* postiço, um falso *a*. Essa dedução permite a Lacan reelaborar a teoria dos chamados objetos parciais, que, para ele, não são parciais a não ser em referência a uma totalidade ilusória. Essa totalidade ilusória é justamente aquela que o fantasma do neurótico constrói com a transferência do *a* ao Outro.

No Outro, o *a* pode ser confundido com um objeto do desejo, na medida em que é investido de brilho fálico, $-\varphi$. A transferência não é, assim, somente repetição de um elemento histórico, mas o modo como o analista encarna o *hic et nunc* ao Outro, como lugar da palavra, mais o objeto *a* "falicizado". Essa coordenação no Outro de uma falta imaginária, $-\varphi$, com um objeto que não falta, mas que está essencialmente perdido para as referências significantes, *a*, engendra o *agalma* em que se funda o amor de transferência.

Com seu amor de transferência, o neurótico dá ao Outro o que não tem, o *agalma* do desejo, instaurando, assim, um amor real, um amor feito com o que lhe falta. *Eine echte Liebe*, havia escrito Freud. Em meu texto *O fantasma no primeiro tempo da transferência*, trabalhei detalhadamente a ideia decisiva de Lacan no que se refere ao fim de análise freudiano: o déficit da referência sincrônica do *agalma* e do analista como sua sede no fantasma neurótico de transferência é a causa da detenção de Freud ante a rocha que dá à análise um aspecto de infinitude, o complexo de castração.

Freud não percebeu que, ao término da análise, como é tão evidente no caso do Homem dos Lobos, ele permanecia para o analisante como sede do *agalma*. Freud não notou que era possível ir mais além da rocha da castração com a condição de situar os fatos de estrutura desta maneira: que o sujeito, homem ou mulher, somente pode aceitar tê-lo e usá-lo, ou não tê-lo e desejá-lo, considerando que não é o falo do Outro. O Outro não tem esse objeto agalmático ao qual, enquanto neurótico, se identifica.

Os sintomas em que se traduz, por exemplo, na neurose obsessiva esse fantasma neurótico, para entrar em análise, devem ser trabalhados para que se constituam em sua forma clássica, desenvolvida, como já havia indicado Freud. O decisivo é que o sujeito perceba que esse sintoma pode ser o resultado de alguma causa. Desse modo, rompe-se a implicação "ego-sintônica" do sujeito com seu sintoma; a dimensão da causa é vislumbrada com angústia. O campo do sintoma se desloca, então, na sincronia da relação com o *a*, constituindo-se a neurose de transferência.

Essa neurose tem a vantagem de estar, toda ela, presente e em uma relação com *a* que a torna analisável. Tanto a constituição quanto a dissolução da neurose de transferência passam pelo *a*, único objeto a ser proposto à análise da transferência, afirma Lacan.

Introdução do sujeito suposto saber

A partir do momento que Lacan produz o axioma "o significante é o que representa o sujeito para outro significante", tudo se reordena em seu ensino. A subversão do sujeito que essa fórmula traz implícita permite ajustar as coordenadas do discurso analítico de modo cada vez mais ligado a uma lógica rigorosa. Em seu discurso, teoria e experiência se conjugam em uma exploração dos pontos em que a impossibilidade lógica opera nele como função do real.

Uma primeira consequência dessa subversão é a definição do sujeito suposto saber como a própria estrutura da transferência. O sujeito já não é sujeito para o Outro. O Outro já não existe. Resta o matema da alienação do sujeito, $S(\cancel{A})$. "Este Outro, [...] ninguém crê nisso. [...] todo mundo é ateu"[130], ironiza Lacan em *A lógica do fantasma*. Mas é notável que, no Ocidente, a ciência destruiu o recurso ao Outro. Já não buscamos na palavra de Deus a verdade que nos ligue ao Outro. Do Outro, caduco, já não resta mais que a racionalização por recorrência, serial, no estilo do princípio de indução matemática. Ou seja, não nos resta do Outro mais que aquilo que se elabora com o Um que se repete.

$S(\cancel{A})$ é a sigla lacaniana da inadequação lógica radical do Um do significante ao Outro. Essa inadequação está tanto no campo da ciência, que se desentende do Outro desde Descartes, quanto no campo da sexualidade, no qual essa inadequação repercute sobre o desencontro irredutível entre o significante e a realidade sexual. O modo como a filosofia da ciência, por um lado, e a neurose, por outro, resgatam o Deus que morreu recebe o nome lacaniano de sujeito suposto saber.

---

[130] LACAN, J. (1966-1967) *A lógica do Fantasma. Seminário 1966-1967*. Recife: Centro de Estudos Freudianos do Recife. Publicação não comercial, p. 144, aula de 18 de janeiro de 1967.

A RESPOSTA DE LACAN

O sujeito suposto saber é uma ficção teísta. Entretanto, o analista é chamado a ocupar seu lugar. Lacan costumava dizer que a análise é um engodo. Que o analista se coloque como suportando a transferência, sujeito suposto saber, isso é um engodo, é verdade. É um engodo necessário, contudo, já que é a condição da análise. Mas não é um engodo suficiente: a ética da psicanálise consiste inteiramente em seu fim.

O sujeito suposto saber é uma ficção. Há suposição — desde a Idade Média, pelo menos —, o significante supõe um sujeito. Talvez haja também saber, saber inconsciente. Mas supor um sujeito ao saber acéfalo do inconsciente é um artifício.

Lacan evidenciou, contudo, que é uma ficção matematizável: escreveu elegantemente sua estrutura no chamado algoritmo da transferência. Nessa fórmula, há um saber suposto, o saber dos significantes no inconsciente, e há um sujeito suposto como significação por vir desse saber. Mas o analista, que intervém como um significante qualquer na linha superior do algoritmo, não sabe nada do saber suposto.

Isso não autoriza o analista a se tranquilizar com o saber de que não sabe nada. O importante é o que ele tem para saber (*ce qu'il a à savoir*): "Isso não significa nada em 'particular', mas se articula numa cadeia de letras tão rigorosas que, sob a condição de não se errar nenhuma, o não sabido ordena-se como o quadro do saber[131]."

---

[131] LACAN, J. (1967) Proposição de 9 de outubro de 1967 sobre o psicanalista da Escola. In: *Outros Escritos*, Rio de Janeiro: Jorge Zahar Editor, 2003, p.254.

A RESISTÊNCIA COMO MÁSCARA DO DESEJO

O não sabido, o "resto da coisa sabida", é o objeto *a* que se situa, ao fim do deciframento do saber inconsciente reprimido, como *urverdrängt*. *Umbilicación* ou limite do saber? Tanto faz, dá na mesma na topologia êxtima do saber em sua relação com isso a que se reduz, ao fim da análise, o objeto *a*.

O sujeito suposto saber é, para Lacan, o princípio da lógica analítica, a qual ordena os efeitos de transferência a partir da estrutura que se dissipa no fim da análise. "Aquele que, fantasmaticamente, joga a partida com o psicanalisando como sujeito suposto saber, a saber, o analista, é aquele (o analista) que vem, ao termo da análise, suportar não ser nada mais que este resto. Esse resto da coisa sabida que se chama objeto a^{132}."

A transferência é a coalescência da estrutura com a instância neurotizante do sujeito suposto saber. O ato do analista consiste em suportar essa transferência para, em seguida, praticar o corte que libera o sujeito dessa suposição de saber.

Essa noção-chave da segunda década do ensino de Lacan, se é de tão difícil manejo, se tão rapidamente, porém, é reduzida a fórmulas simplistas — o analista encarna o sujeito suposto saber é a mais conhecida delas —, é precisamente porque permite articular a própria estrutura de toda uma análise com cada um dos elementos que nela intervêm. Consideremos isso em termos da fantasia, do sintoma e dos efeitos do amor de transferência.

O algoritmo do sujeito suposto saber é idêntico ao *agalma* do desejo, afirma surpreendentemente Lacan. A fantasia inclui essa instância em cada uma de suas atualizações transferenciais. As-

---

[132] LACAN, J. (1967-1968) O ato psicanalítico. Seminário 1967-1968 (aula de 10/01/1968).

sim, o obsessivo supõe que o mestre sabe o que quer, bem como a histérica supõe à mulher saber o que quer. Saber o que se quer é a fórmula do desejo neurótico que se sustenta na fantasia.

Estruturalmente, porém, é impossível saber o que se quer, na medida em que, entre o saber e o que se quer, a impossibilidade, a disjunção, é radical. Entre eles, passa o corte subjetivo que a análise pode operar. Apenas quando esses dois termos se distinguem o suficiente, pode-se pôr em jogo essa instância que, tradicionalmente, se chama vontade: quando se trata de dizer "sim" ou "não" àquilo que se quer. Para Lacan, a determinação subjetiva não passa pelo saber, mas pelo ato.

A suposição de saber é inerente também ao sintoma em toda sua consideração propriamente psicanalítica. Diferente do signo no discurso médico, o sintoma constituído no discurso analítico inclui uma suposição de saber. Por isso, um exame clínico, uma apresentação de pacientes, não pode ser absolutamente a mesma coisa no tempo da análise e no tempo que a precede. O clínico deve saber que metade do sintoma lhe concerne, ele a suporta na medida em que suporta a instância do sujeito suposto saber.

Sem isso, não há sintoma acabado, pleno, colocado em forma, analisável. "Eu gostaria que se iniciasse uma certa revisão, para falar propriamente, nosológica, que eu gostaria de ver se iniciar no nível do elemento que é o sintoma [...] esse saber em questão"[133], afirmou Lacan em *Problemas cruciais para a psicanálise*, na aula de 5 de maio de 1965.

---

[133] LACAN, J.(1964-1965) *Problemas cruciais para a psicanálise. Seminário 1964 1965.* Recife: Centro de Estudos Freudianos de Recife. Publicação não comercial, 2006, p.331.

Nesse mesmo dia, Lacan deu algumas indicações gerais. Afirmou que o paranoico sabe que há uma significação para o significante do sintoma que ele desconhece. Já o neurótico está implicado em um sintoma original que ele, enquanto sujeito, não chega a saber. Na perversão, por sua vez, se sabe, mas não se pode fazer saber porque o sintoma ali consiste em um segredo que se desloca na dimensão do gozo.

Quanto ao amor, é um efeito de transferência, sem dúvida. Mas é um sentimento que ganha, por ela, uma forma tão nova — é amor que se dirige ao saber — que subverte o amor propriamente dito. Nessa forma, consegue um *partenaire* que tem chances de responder. Isso não ocorre nos outros casos[134].

Depende do analista que esse amor não adquira a forma de uma resistência, retornando, por exemplo, ao terreno do narcisismo, no qual amar é essencialmente querer ser amado. Quando o analista pretende ser amado por seu paciente, desconhece radicalmente que o amor que opera na análise é amor ao saber, não à sua pessoa e nem sequer àquilo que ele acredita ser seu saber.

Nem tiquê, *nem* autômaton

O seminário *Os quatro conceitos fundamentais da psicanálise*[135] é dedicado ao inconsciente, à repetição, à transferência

---

[134] LACAN, J. (1973) Introdução à edição alemã de um primeiro volume dos Escritos. In: *Outros Escritos*, Rio de Janeiro: Jorge Zahar Editor, 2003, p.550-556.

[135] LACAN, J. (1964) O *seminário, livro 11: os quatro conceitos fundamentais da psicanálise*. Versão brasileira de M. D. Magno. Rio de Janeiro: Jorge Zahar Editor, 1988.

e à pulsão. Os dois conceitos que fazem parte de nosso tema são abordados detalhadamente em suas articulações entre eles e com os outros dois.

O inconsciente estruturado como uma linguagem é retomado nesse seminário como pulsação temporal. A repetição é iluminada pela função do real como encontro falho que se oculta por trás dos significantes, o que lhe dá seu aspecto de automatismo do significante. A transferência é tida como tempo de fechamento do inconsciente ligado ao artifício do amor.

Assim como havia iniciado o seminário *A transferência* dizendo que é preciso partir do fato de que a transferência é, em última instância, automatismo de repetição, Lacan começa seu décimo primeiro seminário dizendo que o conceito de repetição nada tem a ver com o de transferência[136]. Seguir a cronologia de Freud seria favorecer as ambiguidades, afirma, já que há repetição na transferência e que, ademais, foi a propósito da transferência que Freud se aproximou da repetição.

A função-tempo que está em jogo na repetição é de ordem lógica, e está ligada a um esforço de colocação-em-forma significante do real. A repetição, se vai além da relação do significante com o significante (*autômaton*), é na medida em que está em jogo a relação entre o pensamento e o real.

O que é a repetição em Freud quando a introduz como conceito, em 1914? É o que marca o limite da rememoração. A lembrança chega até um limite, ao qual Lacan dá o nome de

---
[136] *Ibid.*

real. O real, se ganha, em relação à história, aspecto de repetição, é porque retorna sempre ao mesmo lugar, ao lugar em que o sujeito, porque pensa, não o encontra, mas padece seus efeitos.

Para elaborar teoricamente essa relação de encontro ou de desencontro do sujeito com o real, Lacan toma, do Livro II da *Física*[137], a doutrina aristotélica das causas por acaso. Aristóteles propõe como traço distintivo da *tiquê* em relação ao *autômaton* o fato de que a primeira ocorre, como que por acaso, a um ser capaz de escolha, de atividade prática, enquanto o segundo é o acaso que afeta também os seres incapazes de agir praticamente como, por exemplo, animais e seres inanimados.

Lacan interpreta o *autômaton* como o jogo do significante quando prevalece a indeterminação subjetiva do princípio do prazer, das formações do inconsciente, em que o sujeito é joguete dos pensamentos. Por trás do *autômaton*, discerne a *tiquê* como o encontro que ocorre por acaso, "aquilo em que nós, analistas, não acreditamos jamais, por princípio"[138].

Aquilo que se repete como que por acaso em um ser capaz de escolher, ou seja, que não pode elidir a dimensão do ato, é o ponto de determinação subjetiva no qual o pensamento toca o real. Trata-se do real como impossível de ser assimilado ao *autômaton*, o real como traumático na medida em que a satisfação obtida se apresenta como excessiva, ou em déficit, em relação à esperada.

---

[137] ARISTÓTELES (384-322 a.C.) *Física I II*. Tradução de Lucas Angioni. Campinas: Unicamp, 2013.
[138] *Ibid.*

O aspecto que o real ganha na temporalidade do *autômaton* é o da repetição, repetição de um desencontro, de um encontro falho. O sujeito justamente acorda quando o pesadelo o levava ao encontro com o real. Acorda para a realidade para continuar sonhando nas redes do *autômaton* para não acordar o real. E por que essa repetição, que é o retorno do mesmo, está tão velada na análise? Como consequência da identificação da repetição e a transferência na conceitualização dos analistas, diz Lacan[139].

O problema está em apreender como a transferência pode nos levar ao coração da repetição. Essa articulação não é tão fácil de se acompanhar em Lacan. Tentaremos fazê-la passo a passo, mesmo que seja a passos largos.

A transferência é, ao mesmo tempo, obstáculo à rememoração e fechamento do inconsciente (fim das associações) no momento preciso em que se ia dizer o que, no relato, era o encontro (*rendezvous*) e, simultaneamente, no próprio relato, o impossível encontro. O sujeito que falava — se identificava — a partir do lugar do Outro se transforma subitamente em um objeto *a* nesse momento de fechamento do inconsciente.

O Outro se apresenta em forma-de-*a*, dirá Lacan no seminário *De um Outro ao outro*[140]. Por se tratar de um neurótico, não atende a seu desejo nesse momento de vertigem, mas atende ao desejo do Outro. Assujeita-se ao desejo do Outro,

---
[139] *Ibid.*
[140] LACAN, J. (1968-1969) *O seminário, livro 16: de um Outro ao outro*. Versão brasileira de Angelina Harari e Jésus Santiago. Rio de Janeiro: Jorge Zahar Editor, 2008.

tentando enganá-lo, fazendo-se amar por ele, propondo-se como objeto agalmático.

Em lugar de encontro, em lugar de gozo, houve perda de identidade, perda de gozo, angústia, assujeitamento instado ao desejo sexual do Outro. Se a transferência é repetição, não pode ser, então, mais do que repetição do fracasso, sempre.

Mas esse fracasso cria, pelo deslocamento sincrônico da transferência, a situação precisa em que o analista pode incidir com suas tesouras discursivas. Porque ele sabe que o objeto *a*, quando se apresenta como *agalma*, quando está indexado pelo desejo do Outro, contém um desejante em seu "interior". E porque também sabe — por experiência — como abrir o objeto *a* pela costura adequada. Como disse Sócrates a Alcebíades, poderá dizer o analisante: "Olhe, não o que eu desejo, mas o que você deseja e, ao mostrá-lo, desejo-o com você, é esse imbecil do Agatão[141]."

Tramando uma interpretação talvez menos inventiva, poderíamos imaginar Freud assinalando a Dora que, se ela se mantém na reserva, fora da cena, é porque lhe interessa olhar o que acontece entre seu pai e a Sra. K. O objeto a ser cortado aí com a interpretação seria o olhar. Em outra ocasião, seria possível recortar o objeto oral, no qual Dora se resguardava demandando amor enquanto, afônica, fantasiava o *cunnilingus* de seu pai a essa senhora.

Por essa via, o sujeito modifica na análise sua relação com o real, já que renuncia ao encontro como possível. O fantas-

---

[141] LACAN, J. (1964-1965) *Problemas cruciais para a psicanálise. Seminário 1964-1965.* Recife: Centro de Estudos Freudianos de Recife. Publicação não comercial, 2006, aula de 03/02/1965, p.152.

ma neurótico projeta no futuro um passado que torna interminável. Extravia o sujeito, portanto, em relação ao real.

Renunciar ao encontro, renunciar ao gozo, assumir o desejo no ato que consuma a perda de gozo, eis aí o que uma análise pode facilitar a um sujeito via mediação da transferência e da interpretação.

Ato analítico e fim de análise

Uma paciente melancólica perguntou-me uma vez como eu conseguia, ao mesmo tempo, supor que ela estava doente e que era responsável por sua doença — a tristeza, o desengano, o abandono de si mesma.

Usando a mesma lógica elementar, poderíamos interrogar Lacan assim: como um sujeito pode ser responsável pelos efeitos de mal-estar que lhe produz uma causa inconsciente que se repete? Influenciado, visivelmente, pela teoria aristotélica da causa — que considera a mais elaborada já produzida —, Lacan encontra no conceito de ato uma chave que Freud havia advertido, mas não desenvolvido, como, por exemplo, em A *psicologia dos processos oníricos: realização de desejos*[142]. A repetição se apresenta *d'abord* como repetição em ato, ou seja, implicando nela um ser, o ser falante, capaz de escolha.

O estatuto do inconsciente é ético. Mas, curiosamente, não é tanto sua abertura que permite ao sujeito modificar sua

---

[142] FREUD, S. (1900) A psicologia dos processos oníricos: realização de desejos. In: *Edição Standard Brasileira das Obras Psicológicas Completas de Sigmund Freud*. Tradução sob a direção de Jayme Salomão. Rio de Janeiro: Imago, 2006, vol. V, p.580-601.

A RESISTÊNCIA COMO MÁSCARA DO DESEJO

posição de aparente passividade em que suporta a repetição até a determinação subjetiva em que cria algo novo no ato. É, sim, a transferência, mesmo com o que implica de fechamento do inconsciente, a chave de toda mutação possível do sujeito, em análise, em sua relação com o ato.

A transferência é a colocação em ato da realidade sexual do inconsciente[143], seu deslocamento, sua presença atual e, ao mesmo tempo, sua duplicação. A psicanálise re-produz a produção da neurose. Se a neurose pode ser atribuída, com justa razão, à ação de ao menos um dos pais, a neurose de transferência é ação do analista. Na análise, trata-se, definitivamente, de fazer um modelo — no sentido matemático em que esse termo é utilizado na lógica matemática — da neurose.

O gozo exige o privilégio, a unicidade. Toda duplicação o destrói. O gozo não sobrevive a não ser com a condição de que a repetição seja vã, ou seja, sempre a mesma. A introdução do modelo acaba com a repetição vã. Uma repetição acabada (*achevée*) a dissolve, não deixa dela a não ser um mais-de-gozar, um gozo normalizado pelo discurso.

Como a análise produz, para Lacan, a passagem do gozo remoto da repetição à perda de gozo que implica o laço social do discurso? Pela via do ato. O ato psicanalítico consiste em suportar a transferência, ou seja, o sujeito suposto saber[144]. Ao saber sem sujeito, completa-o (*achéve*) com a suposição

---

[143] LACAN, J. (1964) *O seminário, livro 11: os quatro conceitos fundamentais da psicanálise*. Versão brasileira de M. D. Magno. Rio de Janeiro: Jorge Zahar Editor, 1988.
[144] LACAN, J. (1967-1968) *O ato psicanalítico. Seminário 1967 1968.*

suplementar de um sujeito ao saber. Duplica, mediante essa ficção, o significante que se apresenta como memória do gozo — pensemos nos dois andares do sujeito suposto saber na *Proposição*.

O destino que uma análise, se bem conduzida, reserva a essa ficção do sujeito suposto saber é o de se realizar como objeto *a*. É o analista que suporta, ao fim de uma análise, não ser nada mais do que um resto de saber, que é o único referente do ato. O ato analítico, ato do analista, conduz inexoravelmente à verificação de que o ser que surge do ato é ser sem essência, como o são os objetos a[145].

Uma verdade assim alcançada, passando o saber (*passant le savoir* e também *pas sans le savoir*), é incurável. A subversão que um questionamento tão de base do sujeito suposto saber — como apenas o faz, pela via do ato, a análise — leva, ao fim, a uma destituição subjetiva que deixa aquele que foi analisante com a aptidão de advertir que:

1. A transferência refuta a intersubjetividade; não há dois sujeitos em jogo no ato da palavra.
2. A transferência não era outra coisa que a ficção do sujeito suposto saber.
3. Essa ficção se reduz, ao término da análise, ao des-ser do sujeito suposto saber e à sua realização como *a*.
4. Essa realização nada tem de metafórica; implica uma perda real que requer luto, elaboração.

---

[145] *Ibid.*

A RESISTÊNCIA COMO MÁSCARA DO DESEJO

Somente por essa via se dissolve o laço que sustentava a neurose de transferência.

A partir desses dados estruturais do fim de análise, se reordenam, para Lacan, os do começo e o desenrolar da análise. Não podemos aqui explicar isso detalhadamente, mas indicaremos ao menos como sua concepção de ato analítico, que jamais é plural, condiciona, desde 1967, sua teoria da transferência no que diz respeito à posição do analista e aos princípios que emolduram suas intervenções.

Quando proferiu o seminário *O ato psicanalítico*, Lacan ainda não havia elaborado sua teoria do *semblant* — que é consequência de sua teoria dos discursos — para falar do lugar do analista como *semblant d'objet a*. Essa elaboração lhe permitirá prescindir, inclusive, da noção de desejo do analista, que será completamente substituída pela do discurso analítico como princípio da ação.

De todo modo, já em 1967, Lacan pôde enunciar que o analista está, desde o início da experiência de análise, na qualidade de objeto *a*. Esse objeto *a*, se é o *medium* entre o analisante e o analista, o é por ser produto do discurso do primeiro e, ao mesmo tempo, o lugar de onde opera o segundo.

O ato psicanalítico implica fingir esquecer que seu ato é ser causa do processo que embarca o analisante na longa e compulsiva tarefa — a da associação livre —, ao fim da qual poderá verificar de que se tratava quanto ao ser do analista e de seu desejo de sujeito sexuado. Para Lacan, somente isso merece o nome de análise da transferência.

A partir disso, Lacan considera inútil interrogar se o psicanalista "tem direito" de interpretar tal ou qual figura poética, interrogar se é legítimo ou não interpretar tal ou qual fazer do analisante como forma de confirmar a transferência. Interpretação e transferência estão implicadas no ato pelo qual o analista, e somente ele, dá ao fazer suporte e autorização.

O sujeito, que poderia imaginar fazer o ato com o Outro, somente ao fim advertirá que, de seu lado, a análise foi o deserto do ato — ou o terreno do *acting*, que é um ato falso, um ato para o Outro. A análise não pode induzi-lo ao ato. Pode deixá-lo na porta do ato. Ninguém pode decidir por ele se escolhe ou se recusa aquilo que deseja.

4.
O fim de análise

> Nós (a indivisível divindade que opera em nós) sonhamos o mundo. E o temos sonhado resistente, misterioso, visível, ubíquo no espaço e firme no tempo; mas temos permitido, em sua arquitetura, tênues e eternas fissuras sem lógica para saber que é falso.
> J.L. Borges[146]

É óbvio que, estritamente falando, nem em Freud nem em Melanie Klein e nem em Lacan há conjunção ou disjunção absoluta entre transferência e repetição. Encontramos, porém, diferenças importantes — com consequências clínicas e éticas — na forma como eles as distinguem. Isso depende, sobretudo, do modo como a conceitualização da transferência incide sobre a teoria e a prática dos fins de análise — como vimos que ocorre claramente no ensino de Lacan. Assim, constatamos que, para Freud, quase ao fim de sua vida e de sua experiência, ao fim das análises conduzidas por ele, já não era importante a forma como se

---
[146] BORGES, J. L. (1932) *Discussão*. São Paulo: Companhia das Letras, 2008.

| A RESISTÊNCIA COMO MÁSCARA DO DESEJO

apresentava a resistência, se como transferência ou não. O decisivo era que a resistência não permite que se produza mudança alguma, tudo permanece como é (*alles so bleibt, wie es ist*). A angústia de castração se apresenta como um obstáculo intransponível.

Nesse ponto essencial, triunfa a repetição. A função sincrônica do objeto da transferência parece retornar a Freud a partir do real: foraclui o artigo de Ruth Mack Brunswick sobre a terceira análise do Homem dos Lobos, apesar do reconhecimento explícito de que ela o havia tratado e ajudado a solucionar alguns episódios paranoicos relacionados com restos de transferência (*Restbestände der Übertragung*), eliminados como fios ou fragmentos ósseos necrosados depois de uma operação.

Lacan pegou precisamente esse ponto de tropeço freudiano no manejo da transferência e no fim da análise para mostrar qual foi a dificuldade. Essa residia no desconhecimento, por parte de Freud, de que ele nunca deixava de ser para seus pacientes a sede do *agalma*, deixando intacto o sujeito suposto saber. Uma análise com Freud tendia a eternizar a neurose de transferência até um ponto em que o próprio Freud já não conseguia distinguir entre transferência e repetição ao infinito do mesmo tropeço.

Ele descobriu a transferência, ensinou a desenvolvê-la no começo da cura, mas nunca encontrou o modo de dissolvê-la. Apresentava-se a ele como uma repetição *ad infinitum*. Na teoria e na prática freudiana, o ato analítico ficou no meio do caminho.

Melanie Klein, por sua vez, aprendeu e ensinou como pôde o manejo do objeto parcial na situação sincrônica da análise. Mas, reconhecendo o objeto, esqueceu o efeito de sujeito em sua teorização — talvez mais do que em sua prática. Esquecendo-o, tal qual a ciência, privilegiou o saber sobre o ato. Grego destacou que, nesse ponto, Melanie Klein se faz devedora da subjetividade moderna, já que, despreocupando-se dos efeitos de sujeito, escolhe tomar como referência o saber da interpretação, a despeito do sujeito do ato[147].

Tudo que se aproxime a algo da ordem do ato é, de acordo com Klein, interpretável, um *acting*, ou seja, um ato para o Outro, para o saber do Outro. Entende-se, assim, por que sua proposta de fim de análise é a do amor, da reparação, da gratidão. O Outro sempre sabe, para sempre. Por isso, é o Outro que informa ao paciente, com muitos meses de antecedência[148], a data do término da análise. Porque quem sabe é ele.

O Outro também sabe quando se aproximaram suficientemente as pulsões agressivas libidinais, quando o ódio foi mitigado pelo amor, quanto isso aumentou a capacidade de síntese do eu etc. Assim, autoriza o paciente a finalizar a análise. O ato é protelado tanto que, ao fim, não há ato.

Isso poderia explicar em parte por que a análise kleiniana é extensível ao terreno da esquizofrenia, o que eu definiria

---

[147] GREGO, B. *op. cit.*, p.113-114.
[148] KLEIN, M. (1949) Sobre os critérios para o término de uma análise. In: KLEIN, M. *Inveja e gratidão e outros trabalhos*. Rio de Janeiro: Imago, 1991, p.64-69.

A RESISTÊNCIA COMO MÁSCARA DO DESEJO

pela incapacidade radical do sujeito para o ato (Kraepelin já destacava, na 6ª edição de seu tratado, que, na demência precoce, o transtorno de base é o da atividade voluntária). Para Klein, todo sujeito é incapaz para o ato, para o ato real, o ato sem consenso. Nesse ponto, ela também não questiona o sujeito suposto saber.

Lacan, porém, sempre encontra os interstícios de sem--razão da realidade fantasmática do Outro para deixar o sujeito questionar, até as últimas consequências, a instância transfenomênica do sujeito suposto saber e seus efeitos de transferência. O neurótico, em uma análise lacaniana, terá a opção de desconectar a angústia da castração[149] — jogo ilusório da neurose — e extrair dela sua certeza. Extraí-la como uma referência que orienta ao real, ao ato com que alcançará sua certeza antes de saber todas as consequências desse ato.

O ato analítico é uma exploração do campo do ato a partir dos efeitos de transferência daquilo que, desde o início, é a produção e a referência do ato: o objeto *a*. Se esse ato ganha *ab initio* o aspecto de um ato esclarecido, porque parece que se realiza com o sujeito suposto saber, leva o sujeito, ao fim, a constatar que a essência dessa suposição não é outra coisa senão o resíduo do saber, o *a* onde nenhum outro, a não ser o sujeito, pode reconhecer a causa de seu desejo, que o divide, por isso mesmo, entre seu desejo e seu saber.

---

[149] LACAN, J. (1962-1963) *O seminário, livro 10: a angústia*. Versão brasileira de Angelina Harari. Rio de Janeiro: Jorge Zahar Editor, 2005.

Se escolhe deixar de servir à ideia, se escolhe subtrair-se à cólera da ideia no ato em que realiza seu desejo no circuito da pulsão, paga com perda de gozo. Nunca o ato, o verdadeiro, proporciona a satisfação esperada. Precisamente por isso, libera da repetição.

Este livro foi impresso em outubro de 2022
pela Gráfica Paym para Aller Editora.
A fonte usada no miolo é Fairfield corpo 11,5.
O papel do miolo é Pólen Soft LD 80 g/m².